ぶらり
ディープ大阪

魅力発見まち歩き70コース

日本機関紙協会大阪府本部　編著

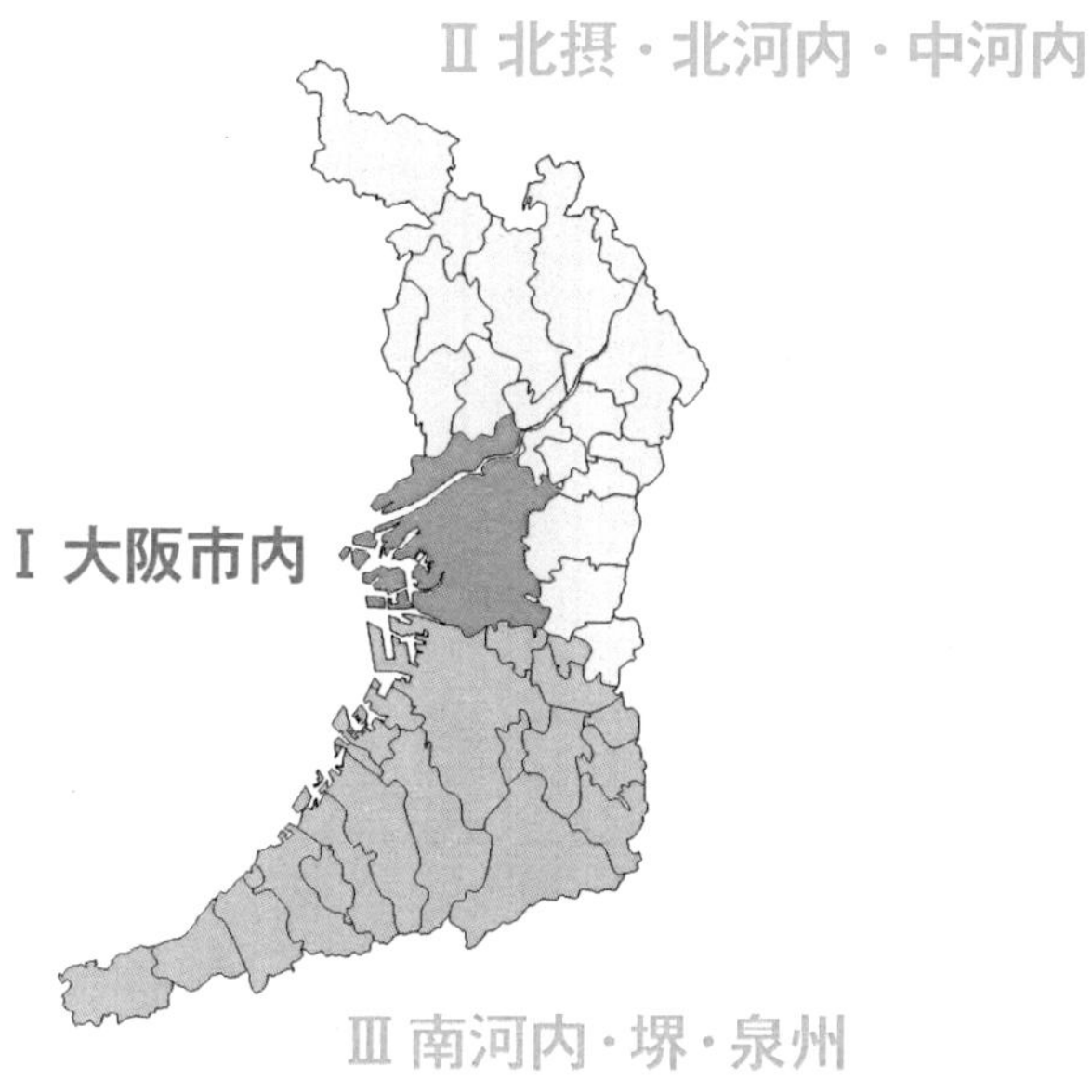

はじめに

大阪のまち歩きは本当に楽しい――府内をあちこち歩きまわっていると、古いまち並みも点々と残っていて、驚かされることが少なくありません。

本書は、日本機関紙協会大阪府本部の月刊誌『宣伝研究』の連載「大阪ぶらり」から70コースを選び、加筆・修正し編集したものです。日本機関紙協会大阪府本部の結成70周年記念事業の一環として企画し、70周年の2019年に発行する予定でしたが、再取材などもしていると時間がかかってしまいました。

コースの選定にあたっては、次の4点を基準としました。

第一に、面白いこと。歴史や文化、自然が感じられるまちを歩くのは、感性や知的好奇心を刺激します。

第二に、誰でも気軽に行けること。そのためには電車、バス、渡し船など公共交通機関で移動でき、歩く距離が適度であることが大切です。紹介するコースの歩行距離は、5～8キロのものもありますが、多くは2～4キロ程度です。山歩きは除いています。

第三に、快適に歩けること。人混みのする場所、車の往来が激しい道はできるだけ避けています。

第四に、大阪府下の全市区町村を網羅すること。多様な大阪の全体像が不十分ながらも見えてきます。

グルメやお店の情報はほとんど載せていませんが、大阪の魅力をディープに掘り下げたつもりです。

府下のほんの一部とはいえ、こうしてまとめてみると、弥生遺跡、古墳、渡来文化、巨木、ため池、治水、水運、街道、門前町、寺内町、環濠都市、城下町、宿場町、港町、下町、農業、工業、公害、戦争、名建築、商店街、住宅、里山、里海など、さまざまな要素が詰め込まれ、大阪の多様性が浮き彫りになります。

機関紙協会大阪府本部が長年「戦跡ウォーキング」に取り組んできたこともあり、戦争遺跡も随所に紹介しています。近現代の戦争を語り継いでいくうえで戦争遺跡は今後ますます重要になります。

70コースを文と写真と地図によって紹介しましたが、コースの道順や距離、時間は細かく記載していません。本書を参考にして、自由に、大阪のディープな魅力発見のまち歩きを楽しんでいただければと思います。外出できないときは本書で「紙上まち歩き」も可能です。

2020年4月

松村晴恵

◆ぶらりディープ大阪　もくじ◆

本書ご利用上の留意点

■資料館など施設情報は2020年２月現在のもので、変更される場合があります
■資料館の入館は多くの場合、閉館時刻の30分～１時間前なのでご注意ください
■本書の地図は目安であり、実際とはズレている場合があります。コースによっては入り組んだ道が多く、行かれる際は方位磁石の携帯をおすすめします
■表記について、明治時代より前の時代の大阪は「大坂」、大阪メトロは「地下鉄」と記載しています
■記述に際し基本的に現地の碑文や説明板、資料館の展示解説・パンフレット、自治体のウェブサイトを参照しましたが、下記の文献も参考にしました

【参考文献】
小山仁示著『大阪大空襲』新装版　東方出版
平和のための大阪の戦争展実行委員会・日本機関紙協会大阪府本部著『大阪戦争遺跡歴史ガイドマップ１』『大阪奈良戦争遺跡歴史ガイドマップ２』『大阪奈良戦争遺跡歴史ガイドマップ３』日本機関紙出版センター
藤本篤・前田豊邦・馬田綾子・堀田暁生著『大阪府の歴史』山川出版社
大阪・中国人強制連行をほりおこす会編集・発行『大阪と中国人強制連行』
ＮＰＯ法人旧真田山陸軍墓地とその保存を考える会編集・発行『旧真田山陸軍墓地』
杉原達著『越境する民　近代大阪の朝鮮人史研究』新幹社
淀川ガイドブック編集委員会『淀川かわあるき』廣済堂出版

Ⅰ 大阪市内

26コース

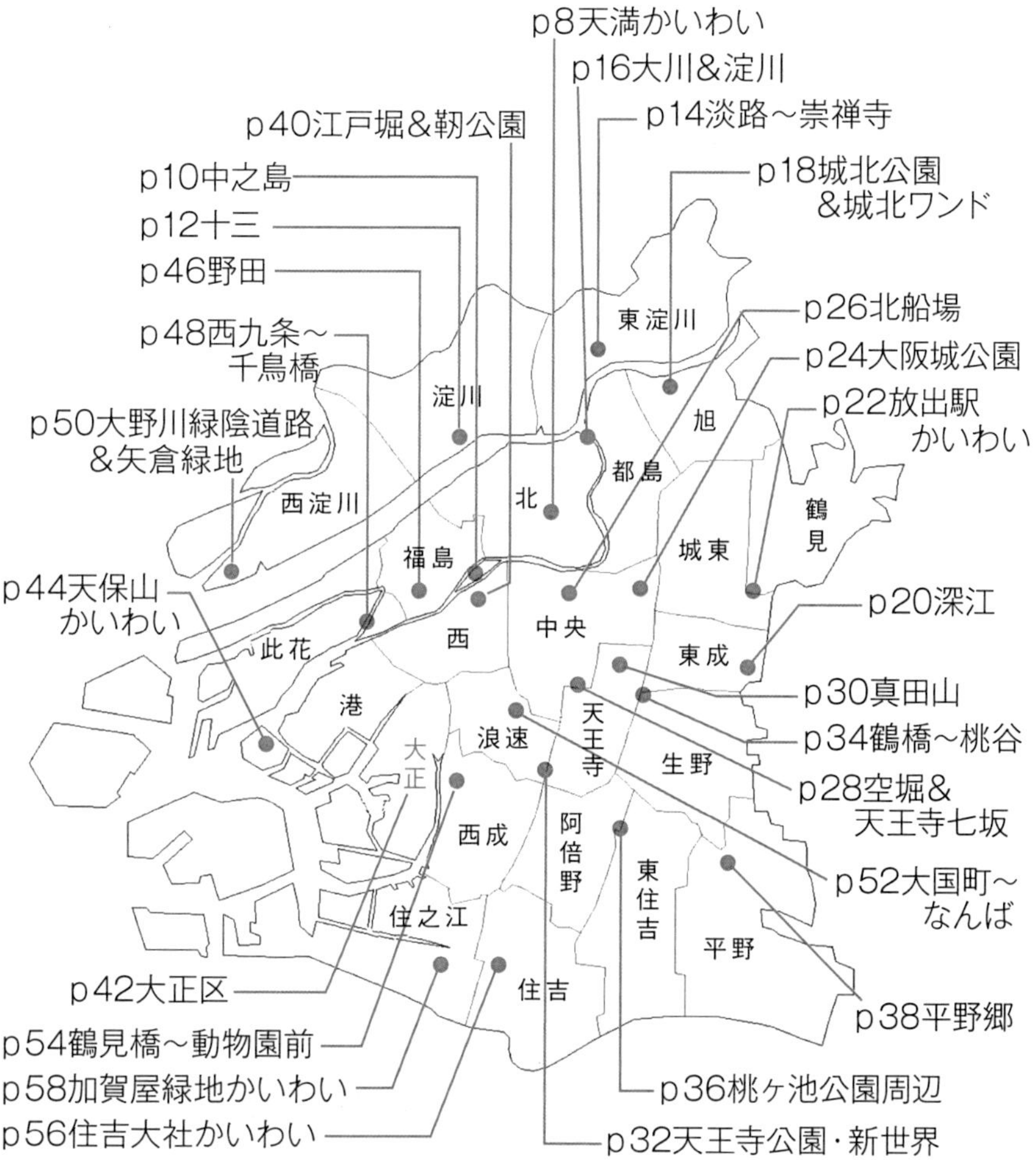

p8天満かいわい
p16大川&淀川
p14淡路～崇禅寺
p40江戸堀&靭公園
p10中之島
p18城北公園
&城北ワンド
p12十三
p46野田
p26北船場
p48西九条～
千鳥橋
p24大阪城公園
p22放出駅
かいわい
p50大野川緑陰道路
&矢倉緑地
p44天保山
かいわい
p20深江
p30真田山
p34鶴橋～桃谷
p28空堀&
天王寺七坂
p52大国町～
なんば
p38平野郷
p42大正区
p54鶴見橋～動物園前
p58加賀屋緑地かいわい
p36桃ヶ池公園周辺
p56住吉大社かいわい
p32天王寺公園・新世界
東淀川
淀川
旭
都島
西淀川
北
鶴
見
城東
福島
中央
此花
西
東成
港
天
王
寺
浪速
大
正
生野
西成
阿
倍
野
東
住
吉
住之江
平野
住吉

〔天満《てんま》かいわい〕天下の台所のにぎわい今も

天満天神繁昌亭（天神橋 2-1-34）

天満かいわいは数々の歴史に彩られた街。南北約３キロの日本一長くて庶民的な天神橋筋商店街の南部と、その周辺の史跡をめぐる。

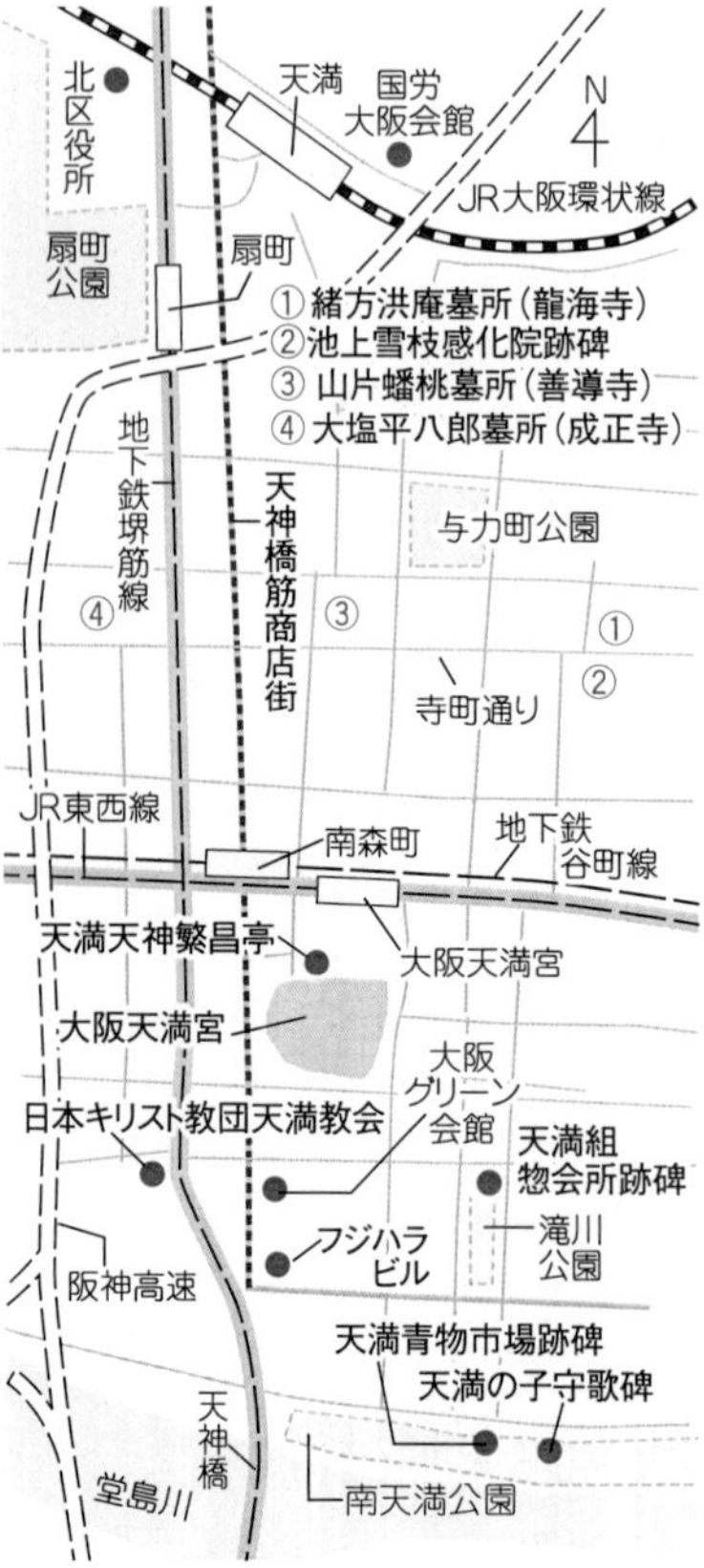

天神橋筋商店街の起源は平安時代、大阪天満宮の門前町にさかのぼる。江戸時代の１６５３年、今の南天満公園あたりに天満青物市場が開設されてから「天下の台所」の中心として繁栄の道を歩み始める。

江戸期、大川（旧淀川）の北が天満組、南が北組・南組に区分され、町人自治が行われていた。天満組を南北に通っていたのが今の天神橋筋商店街にあたる「十丁目筋」。天満組惣会所跡の碑が滝川公園に立つ。

明治時代には寄席が集まる歓楽街として栄え、天満

大阪天満宮　1837年の大塩平八郎の乱で全焼し、本殿は1843年に再建

天神橋筋商店街

天満の子守歌碑　南天満公園に。「天満の市よ大根そろえて舟に積む」と天満青物市場を歌う。周囲には天満青物市場跡碑、淀川三十石船舟唄碑もある

大塩平八郎と子の墓　成正寺境内。大塩の乱に殉じた人々の碑もある

宮の北門前付近の8軒の芝居小屋は「天満八軒」と呼ばれた。吉本興業も1912年ここで生まれた。2006年9月15日、北門前に上方落語の定席が大阪で約60年ぶりに誕生。天満天神繁昌亭である。商店街とともに文字通り繁昌している。

天神橋筋商店街のなかで一番距離が長いのが3丁目である。そこを東西に横切る寺町通りには大塩平八郎や山片蟠桃、緒方洪庵ら江戸期大阪の歴史的人物の墓所の寺がある。1883年（明治16）に開かれた日本初の感化院（少年院）、池上雪枝感化院跡碑もある。

天神西町の日本基督教団天満教会は、大逆事件で弾圧され刑死した社会主義運動家、管野須賀子（1881〜1911）が1903年に洗礼を受けた教会だ。

日本基督教団天満教会　1879年創立。現在の建物は1929年築

フジハラビル　1923年築。オーナーが再生してアート活動の場に

〔中之島《なかのしま》〕水の都の橋めぐりと名建築

大川（旧淀川）から分流する堂島川と土佐堀川に挟まれた中之島は、ビジネス街ながら、水辺と緑と橋と名建築が織りなす景観が美しく、心なごむ。

難波（なにわ）橋　1915年完成。1975年に鋼アーチ橋から鋼桁に架け替えられた。橋詰4隅にライオン像が置かれているため通称「ライオン橋」

天神橋　1934年完成の3連の鋼アーチ橋。中之島で最も長く全長210m。中之島公園に下りる螺旋階段が付設されている

「天下の台所」として運河が張りめぐらされ、物流・水運が発達した江戸時代、街には「八百八橋」もの橋が架けられた。そんな「水の都」を象徴するのが、全国諸藩の蔵屋敷が軒を並

天満橋　1935年完成の鋼桁橋。上に新天満橋ができ重ね橋に

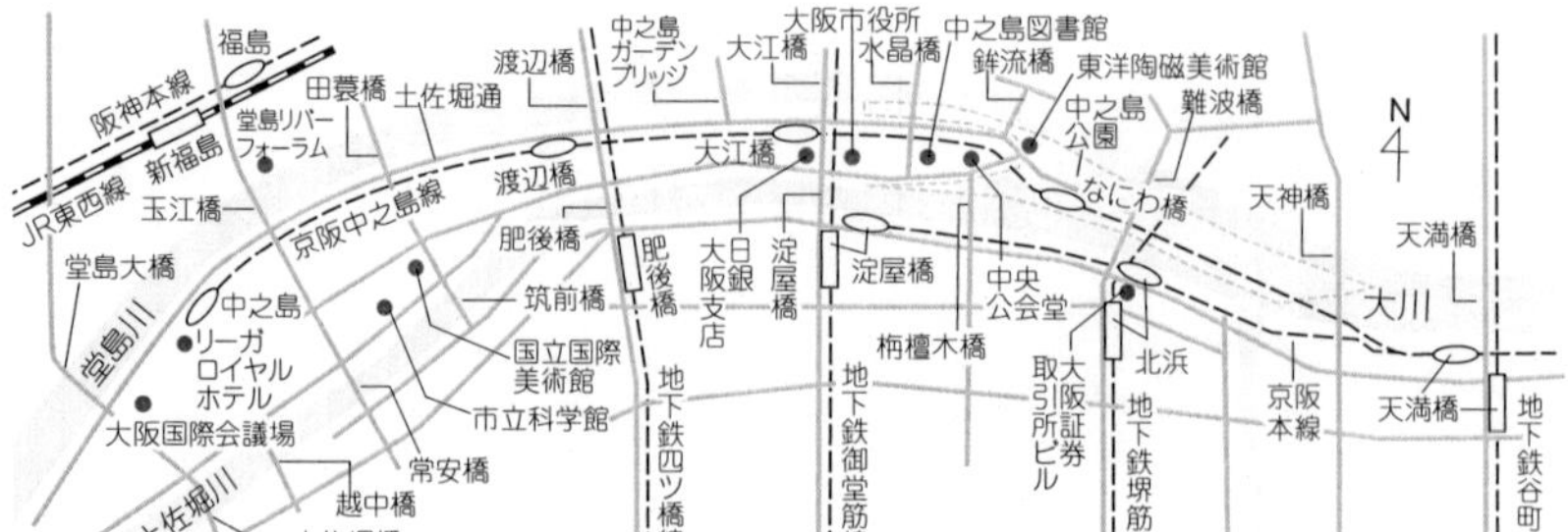

府立中之島図書館本館　住友吉左衛門氏の寄付により建設され1904年(明治37年)開館。1974年、本館・左右両翼の２棟が国の重要文化財に指定された

大阪市中央公会堂　2002年12月、国の重要文化財に

淀屋橋　鋼アーチ橋。1935年、御堂筋の工事に伴い大江橋ともに、懸賞募集のデザインで架け替えられたもの。大江橋とともに国の重要文化財。最初の橋は江戸時代の豪商、淀屋が米市場のために私財を投じて架けたと伝わる。大坂では町人が架けた橋が多かった

堂島大橋　1927年完成の鋼アーチ橋。両岸部分の橋台が鉄筋コンクリートで、鋼鉄のアーチが路面から突き出た珍しい橋。橋詰は大空襲ですすけているが、古典的な装飾が施されている

べていた中之島だ。近世から近現代にかけての繁栄が、個性的な橋に見てとれる。

なかでも天満橋、天神橋、難波橋は江戸期以来「なにわの三大橋」と呼ばれる。

中之島には大阪市中央公会堂、府立中之島図書館、日銀大阪支店など、歴史的名建築も少なくない。

特にネオルネッサンス洋式の中央公会堂は、赤レンガの名建築として市民に愛されてきた。１９１１年、株式仲買人、岩本栄之助氏の寄付をもとに13年に着工され、18年11月17日開館。以来、普通選挙期成同盟演説会など、数々の社会運動や文化の発信舞台となった。ところが１９７１年、市は取り壊しを計画。市民の反対運動が巻き起こり88年、永久保存が決まる。99年3月から3年半かけて保存再生工事がされた。

中央公会堂の前には大正から昭和初期の大阪市長、関一氏の銅像と顕彰碑が立ち市民病院、市民館、美術館、市立大学、中央卸売市場、市営バス・地下鉄等の創設などの業績を讃えている。

〔十三《じゅうそう》〕

淀川《よどがわ》とともに歩んだ商工業の街

十三は歓楽街というイメージが強いが、淀川とともに歩んできた商工業の街である。

淀川と十三大橋と新十三大橋
（右） 明治初めに橋ができるまでは中国街道を行く人が利用する十三渡しがあった

十三サカエマチ商店街
屋上にボーリングピンを飾るサンポードシティビルには映画ファンが通う第七藝術劇場が入っている

神津神社境内にある吉向窯
十三文化祭で再現したもの。1801年頃、大洲藩出身の戸田治兵衛が窯を築き、焼いた食器は将軍家にも献上された

阪急十三駅東口から商店街を抜けると、かつて職人の町であった雰囲気が漂う。神津（かみつ）神社境内に吉向窯（きっこうかま）が再現されている。江戸後期～明治半ば大阪唯一の窯が十三にあったことを伝え

府立北野高校の弾痕壁　1945年6月7日に受けた機銃掃射の弾痕。弾痕を消そうとした教育委員会に対し1984年、卒業生や教職員らが戦争の「生き証人」として保存を要望し受け入れられたもの。校外からも見える

淀川改修中津村旧址記念碑　円称寺境内に

ている。明治の大洪水後、淀川改修のときに市内の高津へ移転したという。

明治の大改修

淀川下流は中津川、大川、神崎川の3川に分かれ、氾濫を繰り返していた。特に1885年（明治18）の大洪水では大阪市内の大半が浸水した。

これを機に、沖野忠雄技師らが中心となって淀川改修工事が明治後期の1896~1910年に行われる。大量に、早く、安全に洪水を流すため、川幅を広くしてまっすぐ流れる放水路（現在の淀川）をつくる難工事だ。少し上流の毛馬で大川と分岐し蛇行していた中津川を「新淀川」とするというもの。改修後は洪水の被害が起こりにくくなったという［淀川河川事務所HP参照］。

十三は大正以後ますます発展するが1945年6月、3度にわたり米軍による大空襲を受ける。府立北野高校西端校舎に保存されている弾痕壁は貴重な「生き証人」である。

成小路国民学校の記念碑　十三公園に建立。学校はかつて公園の南にあったが、1945年6月の空襲で全焼した

平和地蔵尊　東横イン前に。明治初め、この地にあった鏡ヶ池で愛児を溺死させた母親が彫った地蔵が安産・子育ての守護神として伝わる。戦災後、焼け跡から掘り起こして地元の有志が「平和地蔵」と名づけて祀る

〔淡路《あわじ》〜崇禅寺《そうぜんじ》〕中島大水道と柴島《くにじま》浄水場

近代以後は町工場の街として発展した東淀川区には、戦前からの水道供給の拠点、柴島浄水場がある。江戸時代に農民が自力で築いた農業用排水路「中島大水道」にも注目したい。

阪急の淡路駅から淡路本町商店街を抜け北へ進むと、新幹線の高架下の小公園に中島大水道顕彰碑記念碑がある。1678年、ここ新太郎松樋から大阪湾に向けて約9・5キロにわたって、22ヵ村の農民が自力で、農業用の排水路を造った。以降、明治期の淀川改修まで220年余り、維持・補修により、その機能を果たし続けたという。「中島大水道」は新幹線建設に伴い埋め立てられ、今は跡形もない。

中島大水道顕彰碑（西淡路５丁目）　淀川の氾濫に苦しめられていた北中島の農民は排水路の設置を幕府に訴え、補助も要請したがかなわない。そのため無許可のまま工事を強行。1678年、約9・5キロの排水路を、村民総出でわずか50日で貫通させた。幕府は指導者の３庄屋に工事中断と出頭を命じるが、３人は同年４月、抗議の自決。３人は新大阪駅近くのさいのき神社に祀られている

水道記念館　阪急千里線柴島駅から徒歩９分、阪急京都線崇禅寺駅東改札口より徒歩 12 分。南側、淀川堤防前の記念館正門より入館／開館は土曜、日曜、祝日（12 月～２月を除く）、春休み・夏休み中の平日の 10 ～ 16 時<変更の場合があるのでＨＰで要確認>／無料／ 1914 年築の旧配水ポンプ場を保存活用し 1995 年に開館

崇禅寺の細川ガラシャの墓（左）、足利義教の首塚（真ん中）

崇禅寺　鉄筋コンクリートの伽藍

浄水場の駅側壁面の弾痕が保存されている

空襲の焼け瓦でつくられた塀（崇禅寺）

西淡路の高射砲台跡　2019 年に道路建設のため撤去された

山口墓地に６月７日の空襲時の身元不明者が無縁仏として葬られている

西淡路の住宅地には戦時中、高射砲台6基が円形状に設置されたが、役立たずだったのか。柴島浄水場、長柄橋、城東貨物線などがあり市民生活や交通、産業の要衝だった一帯は、1945年6月の大阪大空襲で甚大な被害を受けた。

崇禅寺は細川ガラシャの墓や足利義教首塚もある古刹だが、6月7日の空襲で1トン爆弾4発などが落とされ全焼した。境内には、1953年8月に戦災犠牲者慰霊塔が、2005年には東淀川区戦没者之碑が建てられた。善教寺や法華寺も被災し、その傷跡を今に伝えている。柴島浄水場にも被災弾痕が残っている。

〔大川《おおかわ》&淀川《よどがわ》〕新旧の流れに思いを馳せ

新旧の淀川沿いを歩き歴史に思いを馳せる。地下鉄谷町線都島駅から戦災クスを見て、桜の名所、大川（旧淀川）沿いを北上し明治期に生まれた淀川へ出る。

淀川大堰　大川との分岐点に1984年完成

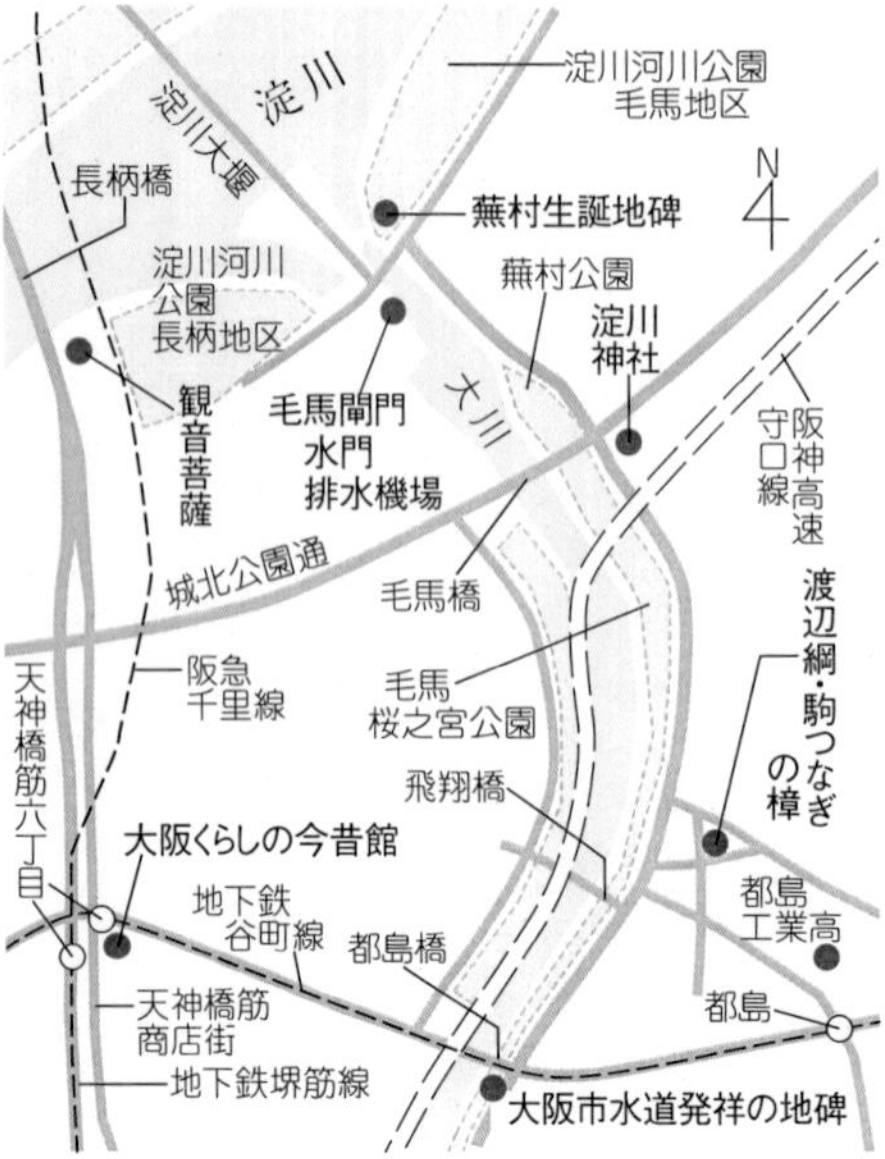

１８８５年（明治18）の淀川大洪水を機に河川法が制定され、氾濫を繰り返していた淀川の改修気運が高まる。国は１８９６年、放水路（新淀川）開削工事に着工し、南に曲がっていた本流を直線化。完成は１９１０年。旧淀川との分岐点で淀川の水を調節する毛馬閘門（けまこうもん）、毛馬洗堰も設置された。

淀川河川公園長柄地区に旧毛馬閘門が保存され、間近に見られる。淀川改修の計画を作った土木技師、沖野忠雄（１８５４〜１９２１）の像や、改修紀功碑などもある。

蕪村のふるさと

１９７７年設置の毛馬閘門脇の堤防には俳人、与謝蕪村（１７１６〜１７８４）の生誕地碑がある。蕪村は毛馬村に生まれ

旧毛馬閘門　閘門とは水位差がある河川で船を安全に航行させるための施設。明治時代の淀川開削の際、新淀川と旧淀川（大川）で水位差ができるため造られた

淀川の水を調節する現役施設。右から毛馬閘門、毛馬水門、毛馬排水機場

与謝蕪村の銅像　生誕３００周年の２０１６年、淀川神社境内に建立された

▲**与謝蕪村生誕地の碑**　淀川堤防に

たが、20歳になる前、故郷を出て以来二度と帰ることがなかったという。刻まれている句「春風や堤長うして家遠し」には蕪村の望郷の思いが込められている。

毛馬橋北の大川沿いに蕪村公園が整備されている。蕪村の句碑が並び蕪村についての解説パネルも展示されている。そばの淀川神社には、蕪村の銅像が建立されている。

ここ大阪市北区・都島区は１９４５年６月７日、米軍による空襲で大きな被害を受けた。淀川の長柄橋では避難していた約４００人が１トン爆弾と機銃掃射を受け死亡した。橋の南詰に慰霊の観音像が立つ。

空襲・淀川水難犠牲者慰霊の観音菩薩　長柄橋南詰。右側に弾痕の橋脚も保存されている

渡辺綱・駒つなぎの樟　桜ノ宮御旅所に。樹齢９００年だが、空襲を受け枯死状態に

〔城北《しろきた》公園&城北ワンド〕淀川左岸さんぽ

城北公園は春は梅や桜、梅雨時には菖蒲園でハナショウブが咲き乱れる。すぐ北の淀川左岸には生き物の宝庫、城北ワンドが広がる。

城北公園へは、JR大阪駅前、地下鉄谷町線都島や天満橋の駅前などから、守口車庫前行きの大阪シティバスに乗り城北公園前で下車するのが一番行きやすい。JRおおさか東線の城北公園通駅からはやや遠い。

人気の菖蒲園

大池を中心とした城北公園は1934年開園し、市民に親しまれてきた。

特に1964年に誕生した菖蒲園は大人気。約250品種、約1万3000

城北菖蒲園　問合せ電話06・6912・0650／5月下旬～6月中旬開園／9時30分～17時／大人200円、中学生以下・大阪市在住の65歳以上・障害者手帳所持者（介護者1人含む）無料

桜開花時の城北公園

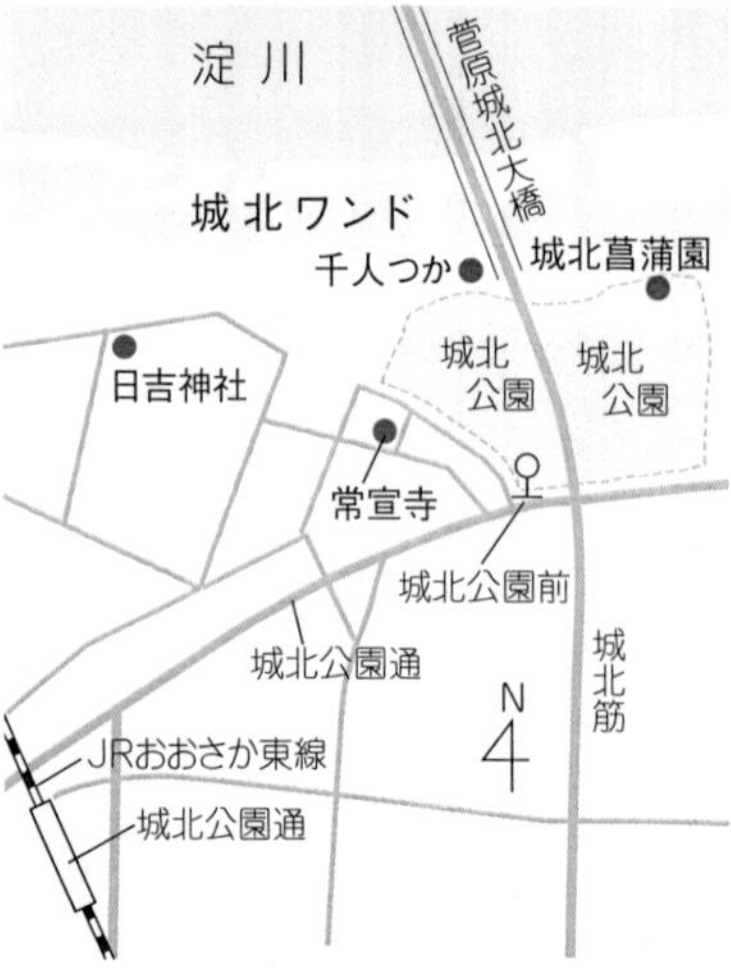

株のハナショウブを栽培する回遊式庭園（約1・3ha）で、ハナショウブが咲く5月下旬〜6月中旬に開園する。雨が降っても屋根付きのあずまや、休息所があるのでゆっくり観賞できる。

城北ワンドと菅原城北大橋

後世に伝える大空襲

公園の裏手の淀川堤防に立つ「千人つか」は篤志家、豊浦栄二郎氏（故人）が建立したもの。台座に刻まれた「由来記」によると、1945年6月7日の米軍B29の大空襲による身元不詳死者千数百人がこの河川敷で荼毘に付されたことを伝えるためのもの。市民奉仕による茶毘は疎開家屋の廃材が使われ、黒煙は三日三晩に及んだという。

千人つかと平和地蔵尊

公園西隣りの常宣寺境内にも、この大空襲を伝えるモニュメントがある。慰霊の平和観音の傍らに犠牲者名と惨状を刻む碑が並ぶ。

常宣寺の平和観音

イタセンパラも棲む

菅原城北大橋の周り、淀川左岸約1・5キロにわたり城北ワンドが広がる。

ワンドとは河川にあって構造物により池のようになっている地形のこと。淀川ワンドは明治期に治水や舟運のために造られた石積み（ケレップ水制）に長い年月の間、土砂がたまってできたもの。人工的に造られた環境とはいえ、生物が棲みやすい条件が備わっているので生き物の宝庫となる。

淀川ワンドには天然記念物のイタセンパラなども生息するようになった。だが近年、外来魚やゴミなどに脅かされ絶滅の危機に瀕しており、市民団体や行政により、ワンドの保全対策やイタセンパラの野生復帰のこころみが進められている。

〔深江《ふかえ》〕すげがさの里

深江を歩いて菅笠（すげがさ）づくりによって繁栄した歴史をたずねる。

深江南の段倉（だんくら） かつて低湿地帯で洪水が起こりやすい地域だったので、大切なものは石を高く積み上げた倉に保管された

人間国宝角谷一圭記念深江郷土資料館 TEL06-6977-5555／開館は土・日曜、祝日（年末年始は休館、展示替えで休館の場合あり）の9時30分～12時、14時～16時30分／無料

地下鉄千日前線新深江駅から東へ進み、深江南に入る。倉や板塀の古い家並みが菅笠で繁栄した歴史を彷彿とさせる。

良質なスゲの産地

深江はその名の通り大昔、河内湖の深い入り江にあった浅海。やがて河川からの土砂が堆積し、低湿地にはスゲが育つ。古代の氏族、笠縫（かさぬい）氏が約2千年前に大和から移住したのは良質なスゲを求めたからという伝承もある。深江は「笠縫島」として

壁画「菅笠」 千日前線新深江駅東改札コンコースに。コクヨ寄贈

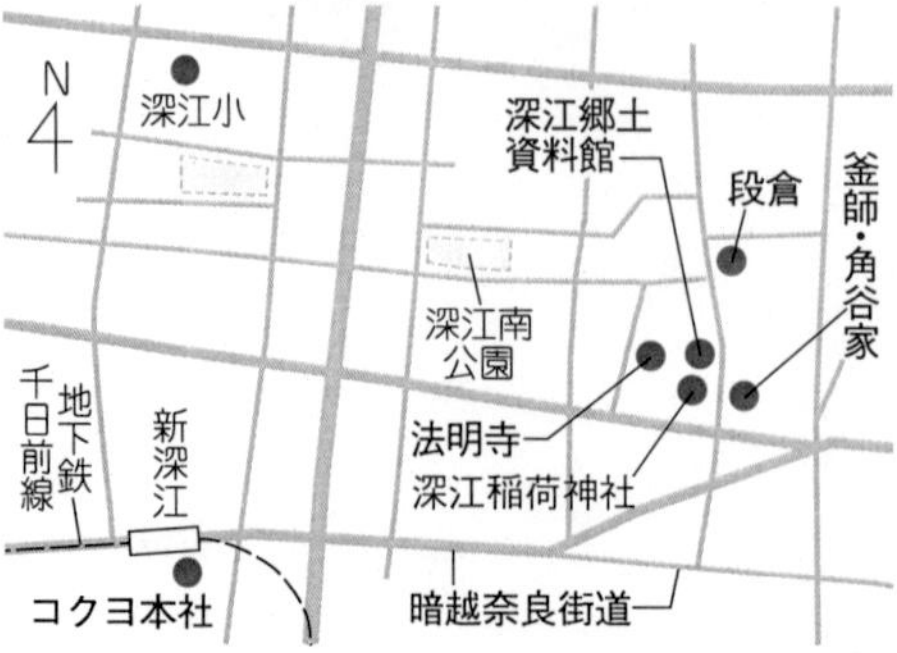

有名になり、万葉集にも「四極山（しはすやま）うち越しみれば笠縫の島こぎかくる棚なし小舟（おぶね）」と詠われた。歌碑が深江稲荷神社境内にある。

　深江稲荷神社の創建は笠縫氏にゆかりがあるが、深江村の氏神として、鋳物御祖神社という別名もある。

ものづくりの伝統

　河内は中世の河内鋳物師という職人集団の活動拠点になり、深江では明治以降、角谷家が活躍。2代目の角谷一圭（かくたにいっけい、1904〜99）は茶の湯釜の人間国宝となった。

　神社北隣の角谷一圭記念深江郷土資料館が角谷氏の作品だけではなく、菅笠とともに発展した深江の歴史を伝えている。歴代天皇の大嘗祭、伊勢神宮式年遷宮に使用する菅笠は今も深江で作り献納しているという。

江戸時代に菅笠の名産地となり、江戸末期には釜敷きや皿敷きなどの菅細工も作られ、明治期には欧米に輸出された。

　しかし、洋傘や麦わら帽子の普及などにより、菅細工産業は次第に廃れる。伝統の技は地元の深江菅細工保存会によって受け継がれている。菅田も消えてしまったが、深江菅田保存会が結成され、郷土資料館敷地や深江南公園に菅田を復活させている。

深江稲荷神社　門前に府史跡「摂津笠縫邑跡」碑と大阪市の「深江菅笠ゆかりの地」碑がある。約2000年前に笠縫氏の祖が大和から移住し、下照姫命を奉祀したのが神社の始まりといわれる

深江南の暗越（くらがりごえ）奈良街道
江戸期、伊勢参りの人々が通った。旅人はみな深江で菅笠を買った。「伊勢音頭」でも「笠を買うなら深江が名所」と歌われた

法明寺（ほうみょうじ）
融通大念仏宗中興の祖、法明上人が1318年創建

〔放出《はなてん》駅かいわい〕中高野《なかこうや》街道沿いの古刹

JR放出駅かいわいで中高野街道を歩いて古刹を訪ねる。

中高野街道（正因寺前）街道は守口から南下して放出、平野、松原を経て、河内長野で西高野街道と合流し高野街道となる

▲**阿遅速雄神社のクス**　府の天然記念物

▶**放出駅前みゆき通り商店街**　昭和レトロなムードが漂う

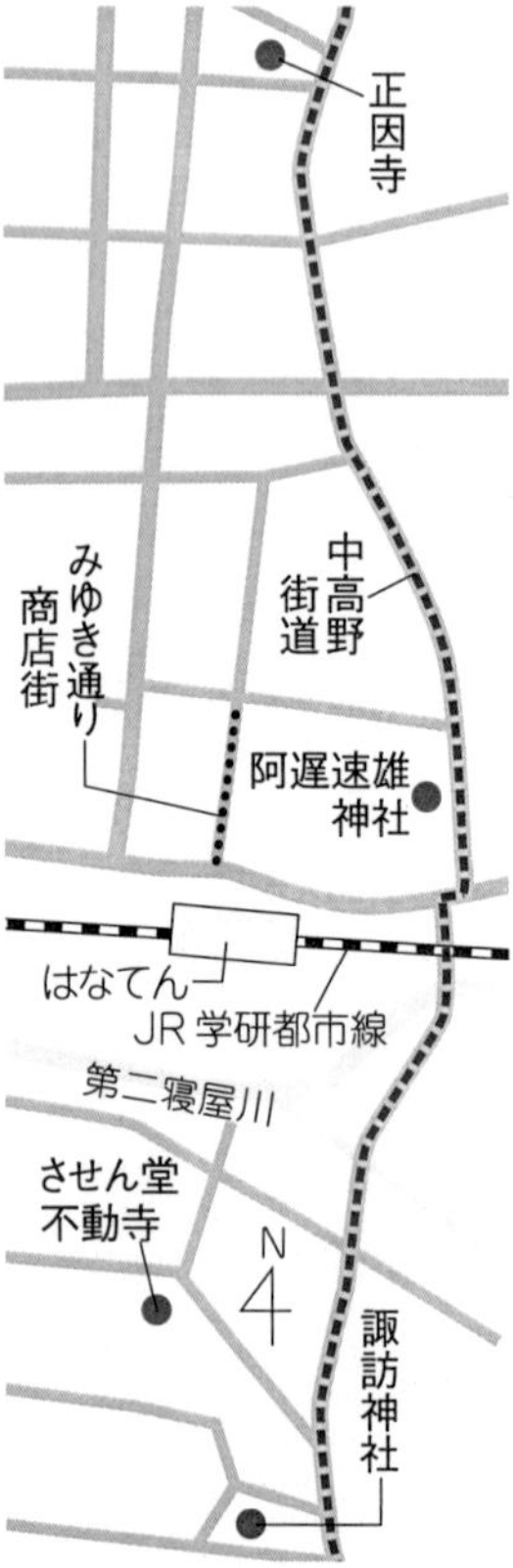

阿遅速雄神社

JR学研都市線・おおさか東線放出駅北（鶴見区放出東）の昭和レトロなみゆき通り商店街を抜けて、阿遅速雄（あちはやお）神社へ。境内には、クスの巨木や1868年の伊勢参詣「お蔭参り」記念のお蔭灯籠（市内で残っているのはここだけ）などがある。

ここから中高野街道を北

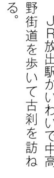

諏訪神社　境内に「大砲」がある

上する。正因寺の前に中高野街道碑と案内板がある。中高野街道は高野山参詣への旧街道の一つ。鶴見区の中高野街道は剣街道、放出街道とも呼ばれる。

諏訪神社

させん堂不動寺の梵鐘

中高野街道を南下する。踏切を渡り、第二寝屋川を渡ると、街道の西側は城東区諏訪、東側は東大阪市だ。

街道沿いの諏訪神社は平安時代の創建と考えられている。菅原道真が大宰府に左遷される道中この神社を参拝したと伝わる故事から、この辺りの元の町名は「左遷道」（後に左専道町）だった。境内には道真が休憩したと伝わる「腰掛石」がある。

もっと驚くのは官軍の五稜郭攻めに使った「大砲」。台座に「御成婚記念大正十三年一月」とあるので当時の皇太子成婚記念に設置したようだ。日露戦争の慰霊碑もある。

戦争は伝統文化も断つ。豊臣時代に始まったと伝わる神社の獅子舞が昭和の戦時中から途絶える。1968年に復活し現在、市内で唯一残る獅子舞が保存会により続けられている。

させん堂不動寺

中高野街道から少し西に入ったさせん堂不動寺にも寄りたい。不動明王を本尊とする真言宗の寺。江戸期の『摂津名所図絵』に「左専道不動」と記され、参詣者が絶えないほど信者を集めていたという。

「天明二年」（1782年）の銘の入った梵鐘は、保存の必要性があるとされて、戦時中の金属供出を免れた。

〔大阪城《おおさかじょう》公園〕敗戦前日まで一大軍事拠点だった

大阪の一大観光地、大阪城公園は、明治期から敗戦前日までは一大軍事拠点だった。

大阪城天守閣　JR大阪環状線森ノ宮・大阪城公園、地下鉄谷町4丁目・天満橋・森ノ宮、京阪天満橋の各駅から徒歩約15分／通常9～17時開館

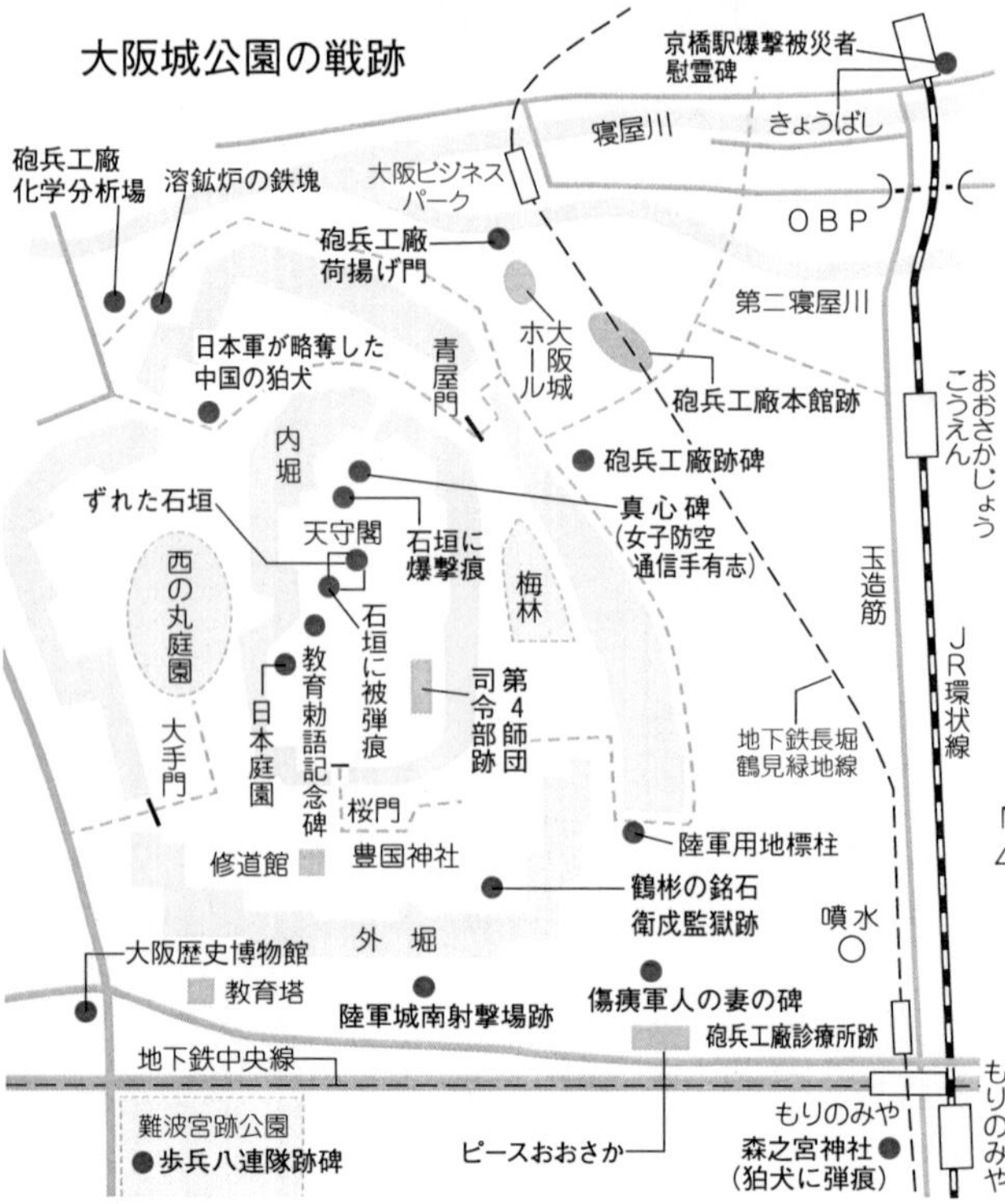

大阪城公園とその周辺には戦前、大阪砲兵工廠が広がっていた。天守閣前のヨーロッパ中世古城風の建物は陸軍第4師団司令部だった。天守閣再建のため集められた市民の寄付150万円（現在の600億～700億円）のうち80万円が使われ1931年に完成した。

8月14日の大空襲

一帯は一大軍事拠点だったため敗戦日の前日、1945年8月14日、米軍による空襲で徹底的に破壊された。そのときの京橋駅での犠牲者の慰霊碑がJR京橋駅南口に建立されている。

1931年に完成した鉄骨鉄筋の天守閣もその時の

空襲の被弾跡が北東側と南西側の石垣に見て取れる。

反戦の魂に触れる

天守閣の展示室では大坂城の歴史が詳しく学べる。今の天守閣は豊臣秀吉築城の初代（1585～1615年）、徳川幕府による2代目（1626～1665年）に続く三代目。さらに95～97年の平成の大改修でぴかぴかによみがえった。

5階の「大坂夏の陣パノラマビジョン」では徳川が豊臣を滅ぼした1615年の市街戦を描いた「大坂夏の陣図屏風」（重要文化財）の主な場面を映像で解説。左側には民衆が戦争に巻き込まれる惨劇が描写され、元和版「ゲルニカ」とも呼ばれる。黒田長政が絵師に描かせたという。

反戦の魂を示すもう一つのものが反戦川柳人、鶴彬の顕彰碑だ。鶴彬（1909～1938年）が治安維持法違反で投獄された陸軍衛戍監獄（豊国神社の東）の跡に川柳の団体など市民らが建立。鶴彬が1年8ヵ月にわたって獄中にいた1931年頃、「暁を抱いて闇にゐる蕾」「鉄骨の伸びる打鋲の遠ひびき」「いずれ死ぬ身を壁に寄せかける」を詠んだとされる。

鶴彬の銘石「暁をいだいて闇にいる蕾」。傍らに記念植樹のサルスベリも

旧陸軍第四師団司令部庁舎　今はレストランやお店が入るミライザ大阪城

溶鉱炉の鉄塊と化学分析場跡（赤レンガの建物）　ここ北西の出入口付近は戦争当時の砲兵工廠を想起させる

ピースおおさか　入口前に「1945年の母子像」。大阪空襲を中心に展示／9時30分～17時／月曜、祝日の翌日、館内整理日、年末年始休み／大人250円、高校生150円、小中生無料

〔北船場《きたせんば》〕史跡&近代名建築みて歩き

船場は江戸時代～現代の大阪経済中心地の地域名。とりわけ本町通から北の北船場は、史跡や近代名建築が多い。

適塾（旧緒方洪庵住宅）と緒方洪庵像　適塾は大阪大学が所有し資料展示。両脇に史跡公園／10～16時／休館は月曜（祝日の場合開館）、祝日の翌日（土日祝日の場合開館）、年末年始／一般270円、学生140円、中学生以下無料

綿業会館　国の重要文化財

愛珠幼稚園　1880年（明治13）創設され今も現役の幼稚園。3代目現園舎は1901年（明治34）竣工。園庭も完備。木造最古の幼稚園舎として国の重要文化財指定

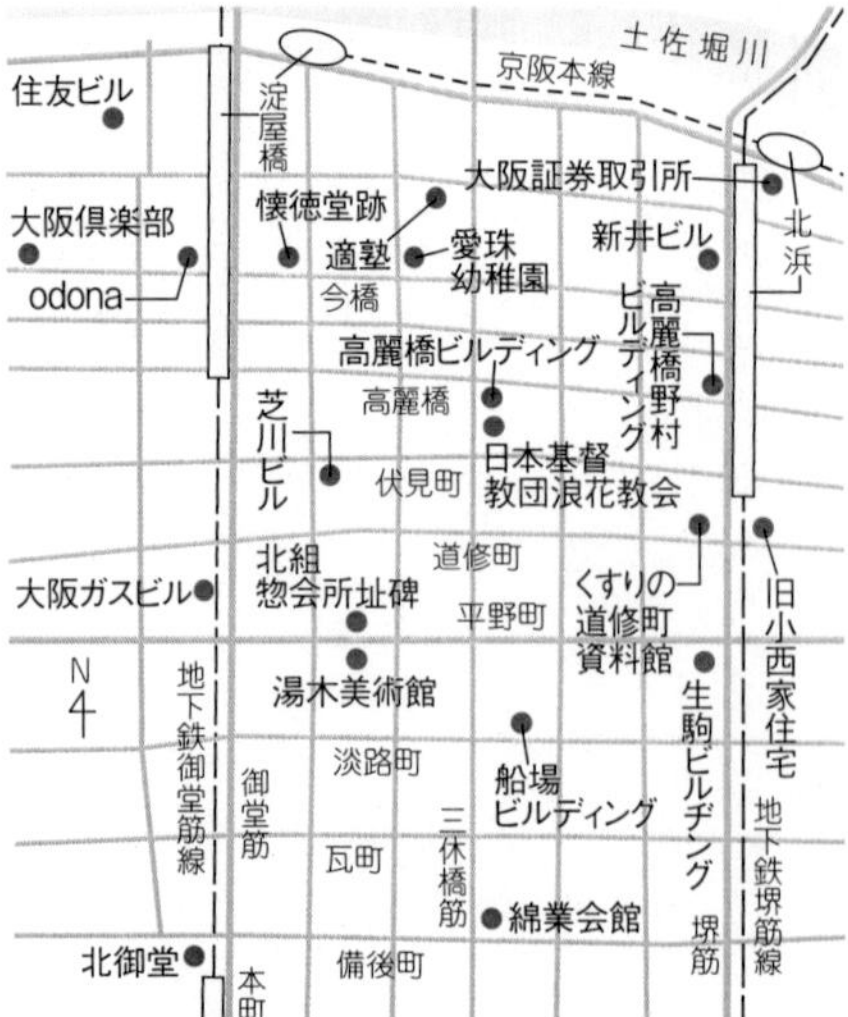

淀屋橋駅東の日本生命本館ビルの壁に懐徳堂跡碑がある。懐徳堂は大坂町人が1724年に設立した学問所で、山片蟠桃、富永仲基ら優れた学者を輩出した。

その東に明治期に創設された木造の愛珠幼稚園。江戸期、ここは銅を精錬・販

売していた「銅座」だった。向かいは、江戸末期の蘭方医、緒方洪庵（1810〜1863年）が1849年に設立した除痘館の跡だ。

愛珠幼稚園とビルの間を北に進むと、洪庵が1838年に開いた蘭学塾の適塾。

国の史跡・重要文化財だ。大村益次郎、福沢諭吉らも門下生だった。

▲**芝川ビル**　1927年築。マヤ・インカ風装飾が美しい

◀**生駒ビルヂング**　生駒時計店が1930年建設。アール・デコ様式

高麗橋ビルディング　1912年築

新井ビル　1922年築の旧報徳銀行大阪支店。今は洋菓子の「五感」北浜本館

くすりの道修町資料館　薬のまち道修町（どしょうまち）の歴史を伝える／少彦名神社社務所ビル３階／10〜16時／休館は日曜、祝日、８月13〜16日、12月28日〜１月４日／無料

大阪倶楽部　1912年設立の社交倶楽部会館。現建物は1924年竣工。1945〜52年米進駐軍が接収

北船場は江戸期、経済・文化のみならず行政の中心地でもあった。平野町の湯木美術館向かいに北組惣会所址の碑。大坂三郷の一つ、北組の役所があった。

明治以後、船場には近代的ビルが次々建てられたが1990年前後に多くが取り壊された。辛うじて残った名建築ビルが国の重要文化財や登録文化財に。

繊維業界の交流の場として1931年に建設された綿業会館を始め、船場ビルディング、生駒ビルヂング、大阪ガスビル、芝川ビル、高麗橋ビルディング、高麗橋野村ビルディング、新井ビル、大阪倶楽部など、北船場は近代名建築の宝庫だ。

〔空堀《からほり》&天王寺七坂《てんのうじしちさか》〕なにわの文芸散歩

上町台地中央部の空堀から天王寺七坂をめぐりながら、著名作家や落語のゆかりの地を訪ねる。

直木三十五記念館　地下鉄谷町6丁目駅、松屋町駅下車。複合文化施設「萌」2階／11～17時／水曜休館／200円

源聖寺坂　上り口に源聖寺がある。坂の途中で道がカーブしている

からほり御屋敷再生複合ショップ「練」　登録有形文化財

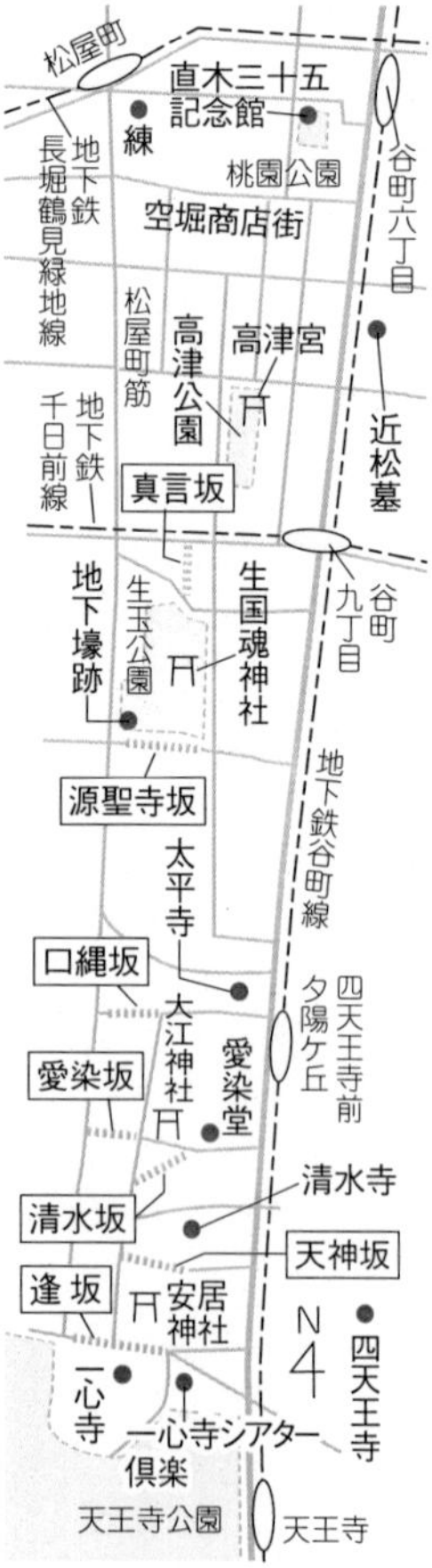

直木とオダサク

直木賞で知られる直木三十五（なおき・さんじゅうご、1891〜1934年）のふるさと、空堀に2005年、直木三十五記念館が開館。空堀商店街周辺の長屋など古い町並みを生かした街づくりのなかで誕生した市民手作りの記念館である。大正末期から昭和初期に雑誌の編集者、映画製作者、大衆小説の人気作家として活躍した生涯を写真、書簡、作品などにより紹介している。記念館隣の桃園公園は、直木も通った桃園小学校の跡である。

空堀商店街と周辺の個性的な店をめぐるのも楽しい。

空堀から南に下り、生國

口縄坂と織田作之助文学碑　「口縄坂は寒々と木が枯れて白い風が走っていた…」と「木の都」の一節

▲生國魂神社境内の**織田作之助像**の視線の先には師と仰ぐ井原西鶴像　▼**米沢彦八碑**

四天王寺の中門（仁王門）と五重塔　1934年室戸台風で倒壊し1940年に再建されるも1945年の大空襲でほぼ全域が灰燼に帰す

生玉公園地下壕跡　強制連行された朝鮮人らの労働で1940年頃、陸軍用特別防空壕として建設

魂（いくだま）神社には織田作之助（1913～1947年）の銅像が立つ。この近くで生まれ育ち、『夫婦善哉』など大阪庶民を描いた。今も「オダサク」と親しまれている作家だ。

落語の舞台

生國魂神社境内に上方落語発祥の地を記念した米沢彦八碑がある。江戸前期、彦八はここを拠点に仕方物真似や軽口噺で人気を博し、それが上方落語の原形となる。千日前通を挟んで北の高津宮（こうづぐう）は古典落語「高津の富」「崇徳院」の舞台となった神社だ。

天王寺七坂（真言坂、源聖寺坂、口縄坂、愛染坂、清水坂、天神坂、逢坂）の周辺は静かな寺町である。安居神社と一心寺は落語「天神山」の舞台。安居神社近辺は本当に狐が化けて出てきそうな静けさだ。

谷町筋を渡ると、聖徳太子が593年に創建した四天王寺。落語「天王寺詣り」は四天王寺ガイドそのものと言ってもいい。

〔真田山《さなだやま》〕戦争の歴史をきざむ台地

真田山は大坂の陣（1614～15年）で大坂城の出城が置かれ戦場となった。明治政府が初めて設置した陸軍墓地もあり戦争の歴史を刻む台地である。

旧真田山陸軍墓地　墓の風化・損壊が目立つなか2020年1月、国による墓石の補強工事がようやく始まった

真田幸村像と「真田の抜け穴」跡

三光神社の鳥居　空襲で片柱となった鳥居を保存し二重に

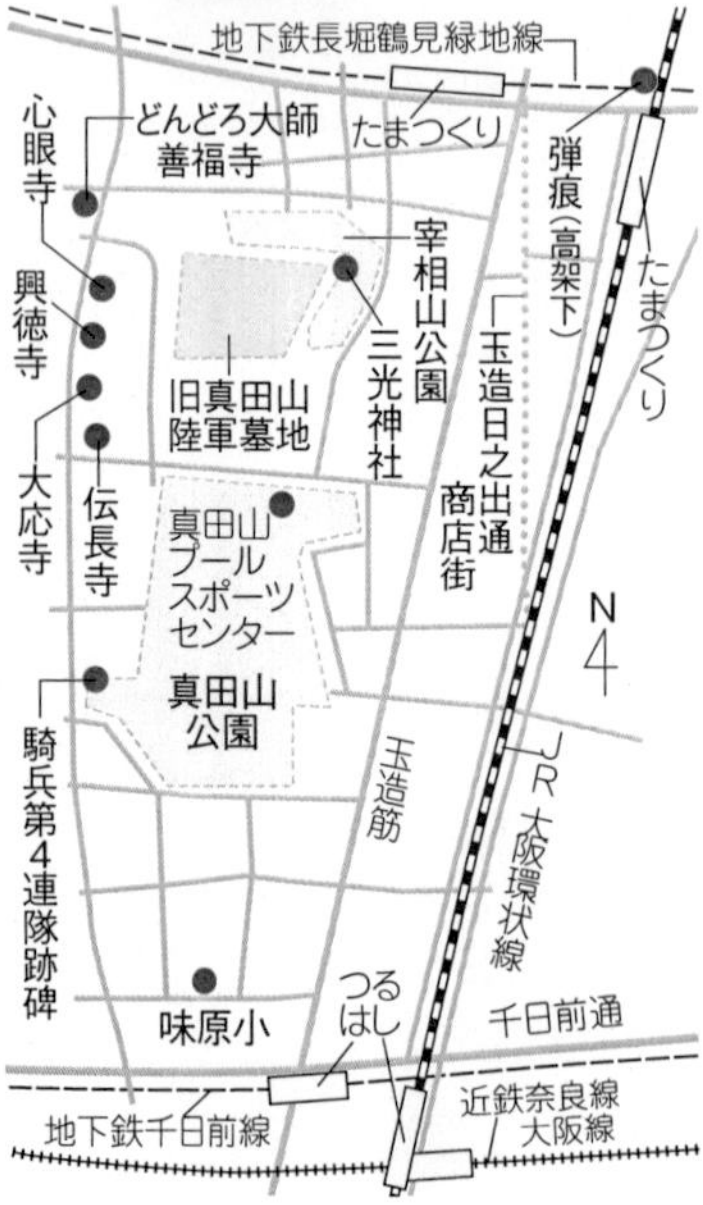

JR環状線・地下鉄玉造駅近くの三光神社に豊臣方の武将、真田幸村が大坂城から掘ったと伝わる「真田の抜け穴」と幸村像がある。

三光神社の隣は旧真田山陸軍墓地。戦争続きだった日本の近現代史を伝える貴重な史跡でもある。

明治政府が1870年（明治3）に大阪城を中心に陸軍を創設したのにつづき1871年（明治4）、大阪城南方の真田山に陸軍墓地を開設した。約1万5千平方m（当初は2万8千平方mほど）の敷地に1873年の徴兵令施行以前か

納骨堂　モルタル仕上げの木造和風建築

▶興徳寺の準提観世音菩薩　10m以上の菩薩は外からも目立つ

▲善福寺（どんどろ大師）のお弓とおつるの像　歌舞伎「傾城阿波の鳴門」で母お弓と娘おつるがこの門前で巡り会う

騎兵第四連隊跡碑　有志により真田山公園事務所前に1985年建立

ら太平洋戦争終結までの軍関連の死者が眠る。５千基超の個人墓碑（陸軍草創期、西南戦争、日清戦争、台湾制服戦争、日露戦争の時代）が並ぶ。日露戦争以後の５基の合葬墓碑、大阪府仏教会が１９４３年８月、戦死者の遺骨を納める「仮忠霊堂」として陸軍に献納した納骨堂もある。

初期の個人墓碑銘には、出身地や経歴、死因などが刻まれている。病死者が多いが、訓練中の事故死や自殺も見受けられる。軍役夫や外国人俘虜の墓もある。

日露戦争（１９０４～05年）以後になると戦死者が増え、合葬墓が建てられるようになる。南端に日露戦争合葬墓、満州事変合葬墓が並ぶ。西側には将校・士官の墓碑が私費で建てられている。

墓地南の真田山公園は明治期、騎兵第四連隊の駐屯地だった。園内に立つ騎兵第四連隊碑に刻む「騎兵第四連隊之歴史」によると、連隊は１８８９年（明治22）創設され、１９３２年（昭和７）堺の金岡に移転するまで駐屯。馬は兵より大切に扱われたという。

１９３９年８月、公園になったが、太平洋戦争中には高射砲陣地が置かれたという。この辺りも米軍機の大空襲を受け、三光神社、善福寺、興徳寺など古い寺社も焼かれた。

〔天王寺《てんのうじ》公園・新世界《しんせかい》〕

庶民的な憩いの場

天王寺区の天王寺公園と浪速区の新世界は、１９０３年に開催された内国勧業博覧会第１会場の跡地。変貌しながらも、今も庶民的な憩いの場である。

一心寺仁王門　阿形像と吽形像の仁王尊は神戸峰男作の青銅像、1997年４月建立

茶臼山・河底池・和気橋　和気清麻呂が788年に旧大和川の流れを変えるため開削した際、茶臼山古墳の濠を利用した名残が河底池だと伝わる

大坂の陣茶臼山史跡碑

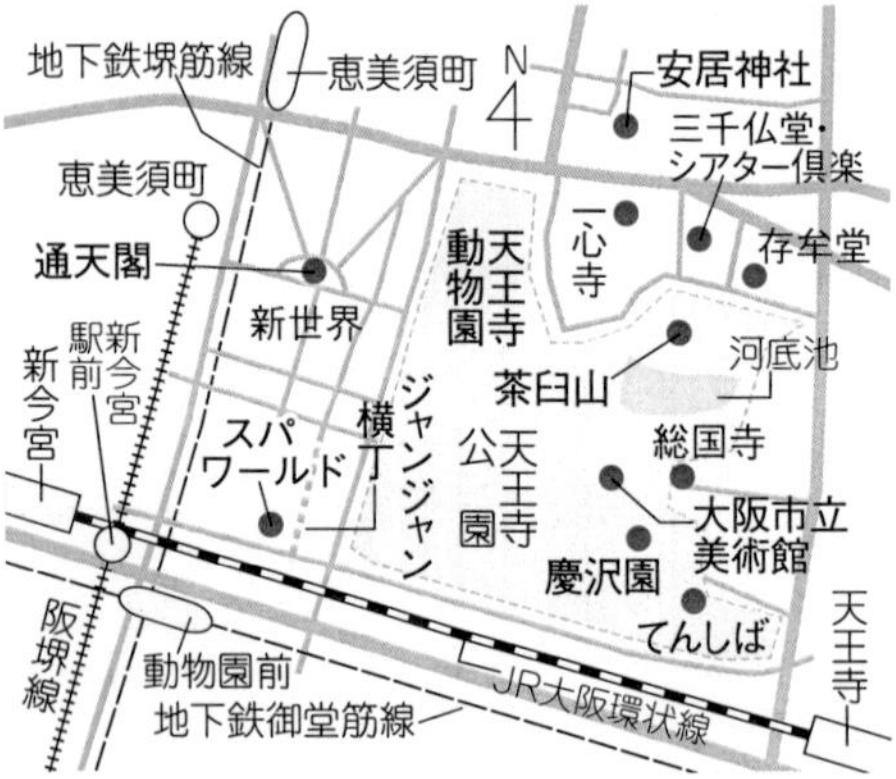

天王寺公園は１９０９年開園し、誰もが憩える公園として発展してきた。１９８７年の天王寺博覧会開催・入園有料化以降、様変わりしていく。２０１４年からは近鉄が市から受託管理。15年10月「てんしば」がオープン。再び入園無料になったが、花壇や噴水が撤去され飲食店、有料遊戯施設などが立ち並ぶ。それでも慶沢園、茶臼山の辺りは緑豊かでほっとする。

夏の陣最後の合戦場

茶臼山は、１６１４年の大坂冬の陣で徳川家康の本陣、翌年の夏の陣で真田幸村本陣が置かれ、その史跡碑（一心寺寄贈）が立つ。

茶臼山ゲート前の一心寺存牟堂は夏の陣に関する案内所。天王寺駅北一帯は夏の陣最後の戦い、天王寺口の戦いの合戦場となった。安居神社境内（7～16時開門）には幸村の像。ここで戦死したと伝わる。

新世界　ど派手な看板がひしめく

▶通天閣　8時30分～21時30分（入場21時まで）／無休

動物の慰霊碑　市立天王寺動物園ペンギンコーナー横

▲ベルリンの壁　1989年崩壊の壁の実物を信徒の寄付で統国寺境内に

▼市立天王寺美術館　1936年に開館

茶臼山北の一心寺は1185年、法然上人により開かれた。ここも夏の陣で戦場となり、北門近くに家康が霧で一命をとりとめたと伝わる「霧降りの松」が保存されている。

一心寺は江戸末期から納骨の寺として庶民に親しまれてきた。古寺だが、仁王門や三千仏堂の斬新さに驚く。三千仏堂地下の一心寺シアター倶楽では舞台芸術などのイベントが催される。

天王寺動物園は1915年開園、全国で3番目に古い動物園だ。近年は生態的展示で人気を集めるが、戦時中は猛獣類が殺処分された。そんな動物を含め、開園以来亡くなった動物のための慰霊碑が園内にある。

動物園西の「新世界」は串かつなどの飲食店がひしめく、庶民的な繁華街。通天閣は1912年、ルナパークとともに誕生した展望台。43年、足元の映画館の火災で解体へ。1956年二代目（高さ108m）が完成し、07年には国の登録有形文化財に指定された。

〔鶴橋《つるはし》〜桃谷《ももだに》〕

活気満々コリアタウン

ＪＲ大阪環状線の鶴橋駅周辺と桃谷駅近くの活気満ちあふれるコリアタウンをめぐる。

ＪＲ大阪環状線・近鉄鶴橋駅周辺には、生野区、天王寺区、東成区にまたがって７つの商店街・市場が広がる。総面積は甲子園球場２個分、総店舗数は約８００店。一歩足を踏み入れるとまるで迷路だが面白い。

成り立ちは戦時中に遡る。鶴橋駅周辺は１９４４年２〜６月の数回にわたる建物疎開で空き地となり、そこが戦後闇市となり、活気満々の「鶴橋国際マーケッ

▶生野コリアタウン　外国人観光客も多い

▲鶴橋商店街　迷路のようで、今も闇市の雰囲気

鶴橋商店街　万国旗が飾られ、チマチョゴリの店もあり、まさに国際マーケット

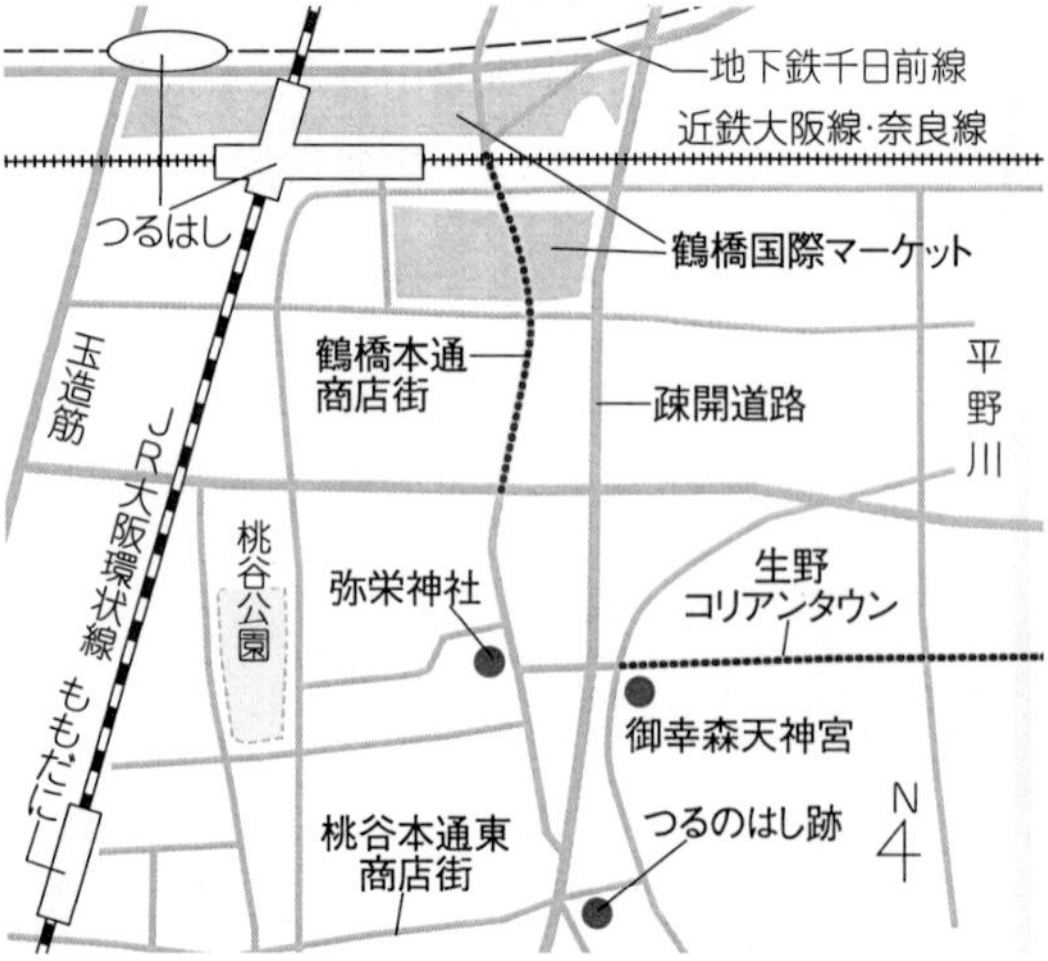

ト」へと発展した。

各商店街・市場にそれぞれ特色がある。ＪＲ鶴橋駅西の鶴橋西商店街は焼肉店が、東の鶴橋商店街は韓国の食品・衣類の店が多い。近鉄鶴橋駅南の高麗市場にはキムチの店が集まる。その東の鶴橋卸売市場や鶴橋市場商店街ではいろんな店があり、何でも揃う。南東端の鶴橋鮮魚卸売商協同組合は早朝に開店し、昼近くにはほぼ閉店している。

鶴橋本通商店街を南下し弥栄（やえ）神社前で疎開道路を渡ると、生野コリアタウン（御幸通商店街）だ。ここも韓国の食品・雑貨店、飲食店などが軒を並べ、にぎわっている。

生野区から東成区にかけての平野川周辺は飛鳥時代、百済から渡来人が多く住み猪飼野と呼ばれた。今も在日コリアンの街だ。猪飼野には１９２０年代以降、多くの済州島民が移住。日本による植民地支配下、日本式漁業や安価な綿製品流入、土地収奪などによって生業を奪われたのが移住の一因と考えられている。

つるのはし跡　日本書紀の記述から日本最古の橋「猪甘津（いかいつ）の橋」とされている。明治期に石橋にかけ替えられたが1940年に旧平野川が埋め立てられ廃橋となった

難波津の歌碑　御幸森天神宮境内に日本と韓国･朝鮮との友好･共生が続くことを願って市民らが2009年10月建立。「難波津に咲くやこの花冬籠り今は春べと咲くやこの花」と万葉仮名、仮名、ハングルで刻まれている。約1600年前、百済からの渡来人、王仁（わに）博士が仁徳天皇の即位を祝って詠んだと伝わる。江戸時代、朝鮮通信使の来日を祝して対馬藩の通訳、雲明がこの和歌をハングルで表し贈ったという（説明板より）

鶴橋商店街でチヂミ、トッポッキ（餅の煮込み）、キンパ（のり巻）などを売る店

◀生野コリアタウンの焼肉店のサンギョプサル（豚バラ焼き肉）

〔桃ヶ池《ももがいけ》公園周辺〕住宅街にも戦争の爪痕

市民が憩う桃ヶ池公園周辺は戦前から住宅街として発展してきた。太平洋戦争中は模擬原爆を含め、米軍の空襲を受け、慰霊碑が建立されている。

▶模擬原子爆弾投下跡地碑　恩楽寺の前に

▲桃ヶ池公園　3月下旬～4月上旬、花桃や桜が咲きメタセコイアの若葉が芽吹く

市内初の空襲 5トンの模擬原爆も

阿倍野区の桃ヶ池公園の大半を占める古池の西側は夏、一面蓮の花となる。

そんな憩いの公園の周辺も戦災に遭い1945年1月3日、市内初の空襲を受けている。同年2月14日にはB29が旧国鉄（JR）阪和線美章園駅に爆弾を投下。駅の「遭難供養之碑」によると、午後8時頃の空襲で職員3人と乗客十数人が死亡した。爆弾は駅を直撃し、

駅南の橋脚が破壊されたという。この日、近くの文の里の住宅にも爆弾が投下され、11人が亡くなった。文の里公園に慰霊塔が建立されている。3月の大阪大空襲前の1～2月、B29単機による府域への爆撃が繰り返されていた。

桃ヶ池公園南の阪和線南田辺駅近くの恩楽寺（東住吉区田辺）に「模擬原子爆弾投下跡地」碑がある。

1945年7月26日9時26分、広島・長崎への原爆投下を想定した模擬原爆（5トン）を米軍機が田辺小学校北の料亭「金剛荘」に投下。7人が死亡し、重軽傷者は73人にのぼった。広島原爆投下の11日前のことである。遺族の村田氏が犠牲者の冥福と平和を祈り慰霊碑を建立。毎年7月26日に碑前で追悼のつどいが行われている。

古刹や古民家長屋

恩楽寺から少し西の法楽寺は平重盛による1178年創建と伝わる。木造の三重宝塔と巨大なクスが目を引く。境内にはくすのき文庫やギャラリーもある。

阪和線を越えて西に進むと、昭和初期の長屋をカフェや店に再生活用した桃ヶ池長屋。昭和町駅近くの寺西長屋（飲食店に再生）は1932年（昭和7）築で2003年12月、長屋としては全国初の国の登録有形文化財に指定された。

法楽寺　樹齢800年といわれる楠と1996年建立の三重宝塔がそびえる

桃ヶ池長屋　1929年（昭和4）築の四軒長屋

文の里公園の慰霊塔
1954年5月、文の里遺族厚生会と有志が慰霊と平和の祈りの象徴として建立

美章園駅の遭難供養之碑　1951年8月、同駅の国鉄職員一同が駅東の高架下に建立

〔平野郷《ひらのごう》〕おもしろ街歩き

ＪＲ大和路線平野駅南の平野区中心部は近世、堺と並ぶ環濠自治集落として栄え、大正時代まで平野郷と呼ばれていた。自治の伝統は今も息づく。

全興寺▲本堂は1661年再建のもの。左手の２階建の「小さな駄菓子屋さん博物館」では昭和20～30年代駄菓子屋に並んでいたおもちゃなどを展示　▼「おも路地」は遊びと学びの場。歴史のまちなみ模型やパネルも展示。境内には他に「地獄堂」など面白い仕掛けがいっぱい

含翠堂跡碑
郷民教育の伝統を顕彰して1985年建立

戦国時代、自衛と自治のためにまちを囲った堤と濠は、杭全（くまた）神社の東北部分と、赤留比売命（あかるひめのみこと）神社の裏手の２ヵ所に面影を残している。赤留比売命神社は新羅からの渡来人の女神を祀る。

随所にある地蔵堂は環濠出入り口（13の木戸口）の名残で、そこから各方面への道路が放射状に延びていた。各木戸口のそばには地蔵堂、遠見櫓、門番屋敷があったと考えられている。

杭全神社第二本殿・第三本殿　1513年造営の記録があり、1711年に春日大社から移築した第一本殿とともに国指定重要文化財

平野環濠跡　杭全神社の東から北側にかけて面影が残っている

▶**大念仏寺境内の三勇士精塔、忠魂塔など**

◀**大念仏寺本堂**　木造の建物では大阪府下最大

1981年結成の「平野の町づくりを考える会」が中心になって1993年から地域のこうした歴史遺産をいかす「町ぐるみ博物館」に取り組んでいる。店舗や自宅を開放してミニ博物館とするものだ。

同会の拠点、全興寺（せんこうじ）は聖徳太子ゆかりの寺で「平野」発祥の地とも言われる。

学問所で窮民救済も

平野郷は江戸期には、濠が平野川ともつながり水陸交通の要衝となり、河内木綿の集散地として繁栄した。

文化的にも隆盛する。平野七名家の1人、土橋友直らが1717年、大阪初の民間学問所「含翠堂（がんすいどう）」を創設。1872年新学制公布により閉鎖されるまで、郷民の教育とともに、飢饉に備える積立で窮民救済も行っていた。

融通念仏宗の総本山、大念仏寺も訪ねたい。1127年、鳥羽上皇勅願により良忍上人が開基したと伝わる。小林一茶も詣で「春風や順礼共がねり供養」と詠んだ古刹。江戸期の山門、霊明殿など見どころが多い。三勇士精塔など20世紀の戦争を伝える史跡もある。

樋ノ尻口地蔵　環濠出入り口の一つで奈良街道につらなる

〔江戸堀《えどぼり》&靭公園《うつぼ》〕

都心の史跡とオアシス

西区の靭公園は都心のオアシス。京町堀をはさんで江戸堀には史跡や近代名建築が点在する。

地下鉄四つ橋線肥後橋駅8号出口を出て西に入ると、入母屋造の金光教玉水教会会堂。斜め向かいには1935年築の江戸堀コダマビル。玄関や窓の装飾が華麗だ。さらに進むと、大正の赤レンガ建築、日本基督教団大阪教会の会堂。教会創立は1874年（明治7）である。これらの建物はどれも国の登録有形文化財だ。

この通りには史跡も多い。金光教玉水教会会堂の向かいに江戸後期の歴史家・思想家、頼山陽（ら

靭公園バラ園　「世界バラ会議大阪大会2006」で世界で最も美しいバラ園の1つとして「優秀庭園賞」を受賞

園内にリアルな人物銅像。米国のアーティスト、ジョン・シュアード・ジョンソン2世の作品

金光教玉水教会　1935年築

宮武外骨ゆかりの地碑　外骨の滑稽新聞社は1902年に京町堀通から江戸堀南通（今の土佐堀２丁目交差点辺り）に移転。そこに記念碑が立つ

日本基督教団大阪教会の会堂　ヴォーリズ設計で1922年築。ロマネスク様式、フランス積みの赤レンガ、アーチや尖塔、切妻屋根、円形飾り窓などが中世の雰囲気を醸し出す

中天游の邸宅跡碑　1817年頃、江戸堀に来てその後この辺り（花乃井公園）に移る

い・さんよう、1781〜1832）の生誕地碑が立つ。1826年に完成した著書『日本外史』は幕末のベストセラーだ。父、頼春水はこの付近で家塾「青山社」を開いていた。

なにわ筋を渡り、フコク生命ビル前に「日本陸軍の父」と呼ばれる大村益次郎の寓地址碑。緒方洪庵の適塾で学んでいたとき下宿していた屋敷跡だ。

斜め向かいの三井倉庫脇には薩摩藩蔵屋敷跡碑。

あみだ池筋の交差点南には、明治期に活躍した反骨のジャーナリスト、宮武外骨（みやたけ・がいこつ、1867〜1955）ゆかりの地碑。外骨は1900年（明治33）に東京から大阪へ移り、1901年から8年間にわたり反権力・風刺満載の『滑稽新聞』を発行し人気を博した。

その南の花乃井中学校は津和野藩の蔵屋敷跡で、名水「此花乃井」があった。

花乃井公園には江戸期の医師・蘭学者、中天游（なか・てんゆう、1783〜1835）の邸宅跡碑が立つ。天游は思々斎塾を開き、塾生には緒方洪庵もいた。

靭公園へ。江戸期には靭海産物市場が広がっていたが、東西に細長いのは空港だった名残。1945年の空襲で焼け野原になったのを戦後、米占領軍が接収し陸軍連絡飛行場として使った。返還後、1952〜55年度、失業対策事業により公園に整地された。なにわ筋をはさんで東園はバラ園やケヤキ並木が美しい。西園は大半がテニスコートだ。

〔大正区《たいしょう》〕個性豊かな「愛らんど」

大正区は川と海に囲まれ1つの島のようである。渡船が7カ所で運航し（無料）、巨大工場群があり、沖縄料理の店が多い。個性豊かな「愛らんど」をめぐろう。

▲**千歳橋**（高さ28m、長さ365m、2003年完成）と**千歳渡船場**（岸壁間371m）
▶**船町渡船場**　北岸に昭和初期、GMの自動車工場があった

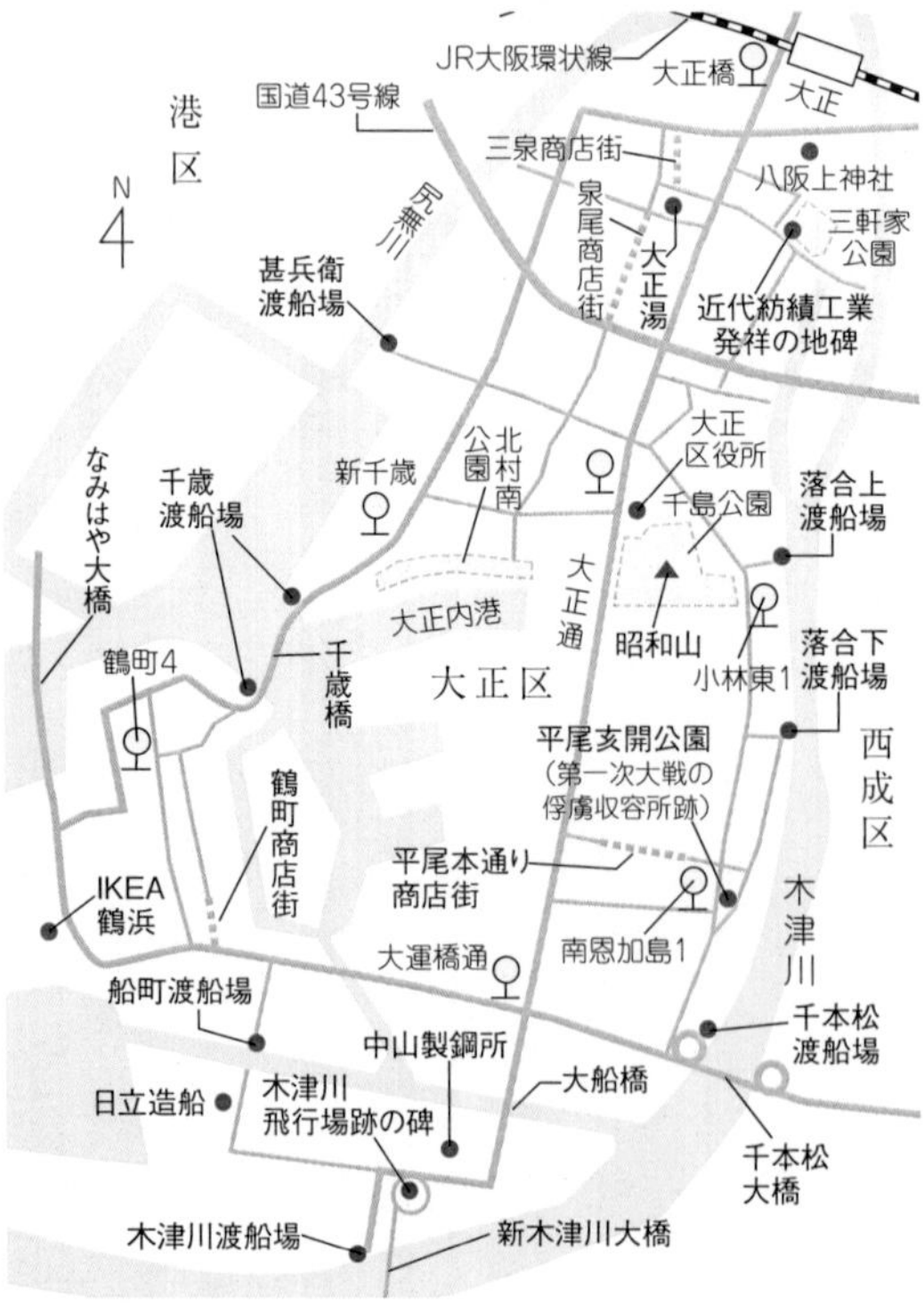

徒歩と大阪シティバスと渡し船を組み合わせながら、区内をめぐる。

JR大阪環状線・地下鉄長堀鶴見緑地線の大正駅から三軒家東へ。上八坂神社境内に、江戸初期、三軒家などの開発や水利事業で活躍した中村勘助（木津勘助）の顕彰碑がある。

三軒家公園には近代紡績工業発祥の地碑。明治時代の実業家、渋沢栄一が船着場があった三軒家村に

1882年、大阪紡績会社を創立し翌年、操業開始。大正、昭和期に他社と合弁して世界最大の紡績会社になるが、1945年3月の空襲で焼失する。

船町工場群「ブラック・レイン」（米国映画、1989年）のロケ地

千島公園の昭和山（しょうわざん）地下鉄建設工事などの残土で造る「港の見える丘」を中心とした公園の整備が1970年に始まる。標高33m。鶴見緑地の鶴見新山に次いで市内で2番目に標高が高い場所

大正内港　多くの作業船や貨物船が停泊している

泉尾商店街▶

木津川飛行場跡碑

千島公園の昭和山に登ると、大正内港や千歳橋、なみはや大橋などが見渡せる。

　千島公園の東に下り、徒歩かバスで南下する。バス停「南恩加島1丁目」前の平尾亥開（ひらおいびらき）公園は第一次世界大戦時は大阪俘虜収容所。1914～17年、ドイツ兵ら760人を収容した。

　千本松大橋・渡船場を見て、大船橋を渡ると別世界。中山製鋼所の工場群だ。昭和初期、船町に製鋼所や造船所などの軍需工場、日本初の公共飛行場が建設された。新木津川大橋の袂に、木津川飛行場跡碑がある。

　西船町の日立造船は日本最古の造船所、藤永田造船所船町工場跡。対岸は1927年設立、41年撤退の日本ゼネラルモーターズの工場跡で1929～30年、39日間ストの大争議が起きた。

　船町の渡しに乗り、鶴町商店街を抜け千歳渡船場へ。ここ大正内港は戦前、木材市場の一大中心地だった。新千歳、または区役所前からバスで駅に戻るのもいいが、北村南公園から北へ、住宅街、泉尾商店街、三泉商店街を歩くと、下町の雰囲気にひたれる。

大阪市港区

〔天保山《てんぽうざん》かいわい〕みなと周遊

天保山の最寄り駅は地下鉄中央線大阪港駅だが、1つ手前の朝潮橋駅で降りて、みなとを周遊しよう。

天保山渡船場　桜島側から眺める天保山埠頭にはときおり巨大客船が停泊。その向こうの天保山ハーバービレッジは水族館「海遊館」、大観覧車、商業施設「天保山マーケットプレース」などの複合娯楽施設、1990年開業

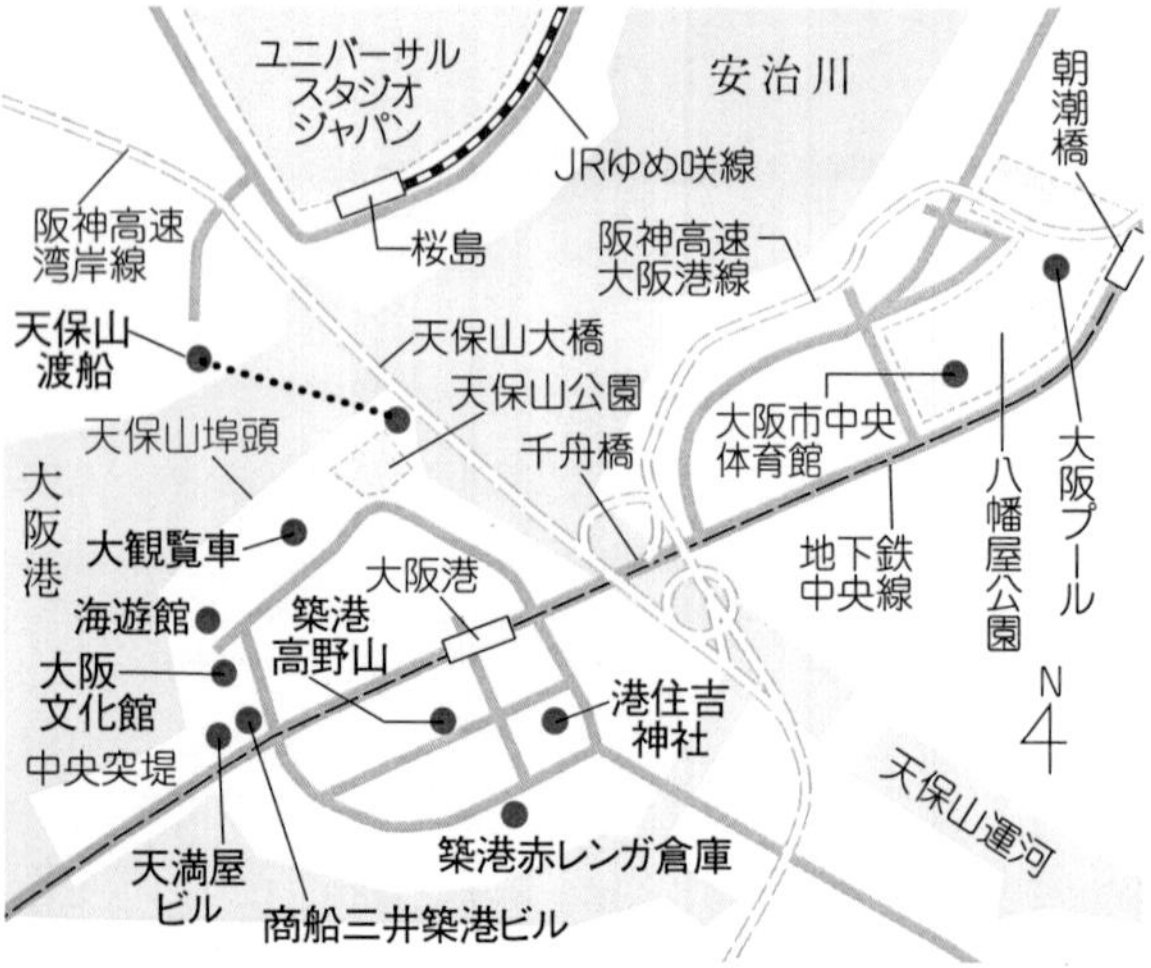

朝潮橋駅前の八幡屋公園は、大阪市中央体育館、大阪プール、芝生広場などがある12haの総合公園。中央体育館の屋根を樹木や芝生で覆った丘「グリーンヒルズ」頂上の展望台から360度見渡せる。津波避難場所にも指定されている。

千舟橋を渡ると、大阪港臨海地域の築港。第一次大戦後、物流の一大拠点に発展した。今は大阪の代表的な観光地の一つ、天保山ハーバービレッジが広がる。

戦時中は兵員や軍需物資の輸送基地となる。荷役労働者の中には強制連行された1千人超の中国人もいた。

軍事拠点だったので米軍の主な攻撃目標にされ、1945年6月1日の空襲では、焼け野原となった。築港赤レンガ倉庫や天満屋ビルなど、若干の鉄筋コンクリートビルなどが辛うじて残っている。

グリーンヒルズ　頂からの展望は抜群

阪神高速湾岸線・大阪港線ジャンクションの複雑な造形を見ながら千舟橋を渡る

築港赤レンガ倉庫　1923年に竣工した住友倉庫。1926年完成の住友岸壁、1928年開通の臨港鉄道とリンクしてこの一帯は一大物流拠点となったが、太平洋戦争中は何度も空爆にさらされた。今はクラシックカー博物館などに活用されている

天満屋ビル　1935年築。道路の嵩上げで1階が半地下になったため、主な入口は2階。一見2階建てだが鉄筋コンクリート3階建て。カフェなどに利用されている。隣の商船三井築港ビルも1933年築のレトロビルだ

海遊館　日本の森から南極まで世界中の水辺生物に会える

日本一低い山

天保山は1831年（天保2）、安治川の河口浚渫の土砂を積み上げた人工の山で、当時は高さ20m。有数の行楽地となった。

幕末、砲台建設で山が削られ、戦後は地盤沈下が進む。現在は4・53mの「日本一低い」山だ。天保山公園の明治天皇観艦記念の碑付近に三角点がある。

天保山公園横の渡船（無料）で桜島に渡りJRゆめ咲線で帰途に着くのもいい。

天保山公園の日中友好の碑　中国人強制連行の歴史的事実を教訓とし友好と平和への願いをこめて市民らが2005年に建立。碑に刻まれた「彰往察来」は過去を明らかにし未来を察するという意味。外務省の報告書によると、太平洋戦争中、大阪港に強制連行され港湾荷役などに従事した中国人は1千人超、うち死者は80人超にのぼった

〔野田《のだ》〕下町ワールド&中央卸売市場

福島区野田は、表通りから一歩足を踏み入れると、戦災を免れた長屋が連なる下町ワールド。野田緑道を通って大阪市中央卸売市場も訪ねよう。

野田の長屋　野田３丁目。ガラス窓が大きい昭和初期の長屋

野田緑道　中央卸売市場への引込み線の跡地に整備された

野田南緑道　中央卸売市場前の安治川沿いに

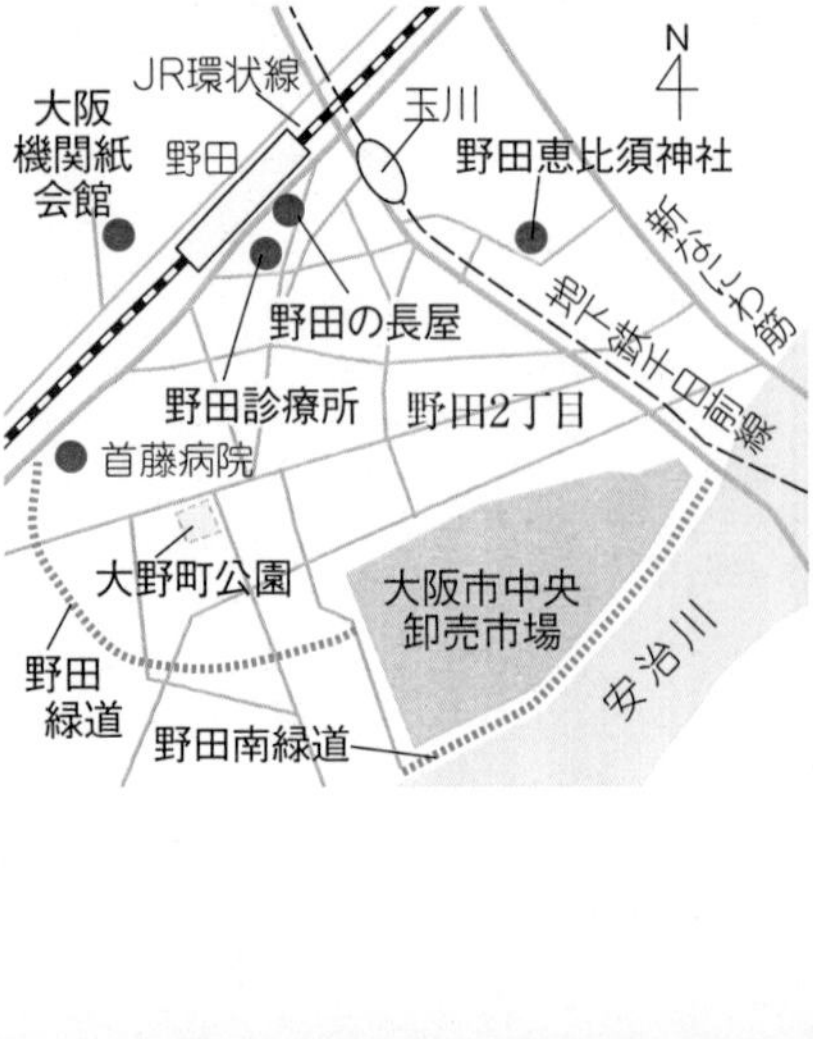

野田へはＪＲ環状線野田駅または地下鉄千日前線玉川駅で下車する。かつて江戸幕府直轄地で野田村と呼ばれ、農業、漁業が盛んで、野田藤の名所としても知られてきた。明治以降は工場と住宅の町となる。

野田2、3丁目には戦前からの長屋や町家が比較的多く残っている。うだつのある長屋、旧家の屋敷、白壁の蔵なども見られる。

　福島区は1945年6月1日の米軍の空襲で大きな被害を受けた。戦災を免れた住宅が多い野田2丁目でも、三叉路のまわりに多くの弾痕が残っている。路上に落下した爆弾が破裂し飛び散り、破片で2人が死亡した。

大阪市中央卸売市場本場　ＪＲ大阪環状線野田駅、または地下鉄千日前線玉川駅から徒歩約10分／市場見学の申込みはホームページ http://www.honjo-osaka.or.jp または TEL06-6469-7850 で

西日本の基幹市場

　野田4～5丁目の野田緑道は、1985年3月に廃線となった中央卸売市場専用貨物の軌道跡だ。

旧家の屋敷や土蔵も点在

野田2丁目9の三叉路
よく見ると周りの民家に多くの弾痕がある

野田緑道から安治川沿いに出て、野田南緑道を歩き大阪市中央卸売市場本場の広さを実感する。

　2002年11月、10年に及んだ現地建替えが完成。重層構造により売場面積が増え、西日本の基幹市場として今も生鮮食料品流通の要の市場である。

　16階建て業務管理棟2階の資料室には食品流通の資料が揃っており、だれでも閲覧できる（平日9～15時）。市場見学も実施している。

　中央卸売市場の開設は1931年（昭和6）11月。1918年（大正7）の米騒動を契機に、国が生鮮食料品の取引の正常化、適正な価格形成を目的として、1923年（大正12）に中央卸売市場法を制定したことによる。

　戦時中は配給統制により卸売市場の機能は停止し、空襲の被害も受けた。戦後1948年頃からセリ取引が復活したという。

〔西九条《にしくじょう》〜千鳥橋《ちどりばし》〕

港とともに繁栄した下町

河口近くの西九条から千鳥橋まで歩くと、港とともに発展してきた街の歴史が見えてくる。

初代大坂船奉行所跡　六軒家川の朝日橋のたもと。1620年、ここ四貫島村に設置された船奉行所は公事屋敷が185軒もある日本一の船奉行所となる

安治川隧道（あじがわずいどう）

大阪鉄工所跡碑と日立造船発祥之地碑

JR西九条駅南高架下のトンネル横丁

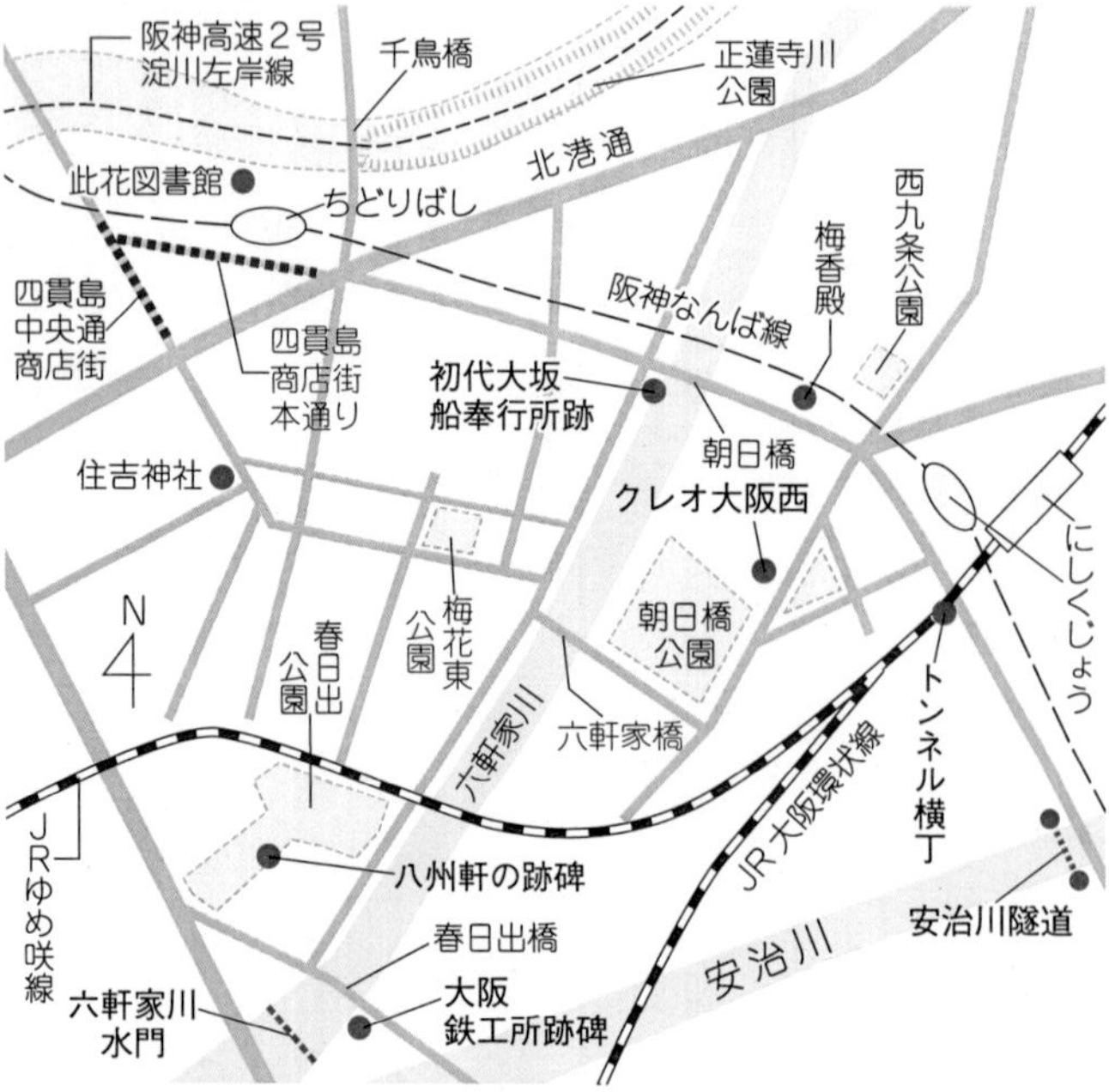

安治川と六軒家川

USJへ向かう乗り換え客で混雑するJR西九条駅を降りると、高架下や駅周辺に居酒屋などが軒を連ね、下町の雰囲気たっぷり。

此花区は明治～昭和期、工業地帯として栄えるが、江戸期も重要な港や広大な新田を抱えて繁栄した。六軒家川に架かる朝日橋袂の初代大坂船奉行所跡碑や、春日出公園の八州軒の跡碑がそのことを伝えている。

江戸期、安治川沿いに回船問屋や船宿が立ち並び、源平渡しが両岸を結んだ。いま安治川隧道が渡しの役割を果たしている。川底トンネルを通って渡る施設で1944年に完成した。エレベーターは6～24時、階段は終日利用できる。

六軒家川と安治川が合流する春日出橋付近は1881年（明治14）、英国人エドワーズ・H・ハンターが洋式造船所として大阪鉄工所を創業した場所。日立造船の前身である。

千鳥橋駅周辺の四貫島（しかんじま）は反戦川柳作家、鶴彬が17歳の1926年、就職口を求め過ごした街だ。大正～昭和期の此花区の繁栄を描写したジオラマが此花図書館入口の前に展示されている。さまざまな工場、芝居小屋や映画館もあってにぎやかそうだ。

千鳥橋駅北の正蓮寺川公園は住民運動によって誕生した。正蓮寺川を埋め立てて掘割に阪神高速淀川左岸線1期を建設する計画だったが、排ガス封じ込めのフタかけ（トンネル構造）にして上に公園を造るよう変更させたのである。

正蓮寺川公園　阪神高速左岸線1期の上にできる約19haの公園。2017年4月に千鳥橋上流部分が開園。高速道路トンネルの非常口が随所に設置されている

此花区民ホール　2階に図書館。壁画はアーティストと区民の協働制作

四貫島中央通商店街

〔大野川《おおのがわ》緑陰《りょくいん》道路&矢倉《やぐら》緑地〕

「公害の街」でよみがえる自然

かつて「公害の街」と呼ばれた西淀川区。区内を横断する大野川緑陰道路と河口の矢倉緑地を歩いて、よみがえりつつある自然を実感する。

▲矢倉緑地からの夕陽　大阪湾上の阪神高速湾岸線がシルエットになり美しい

矢倉緑地の潮だまりと淀川

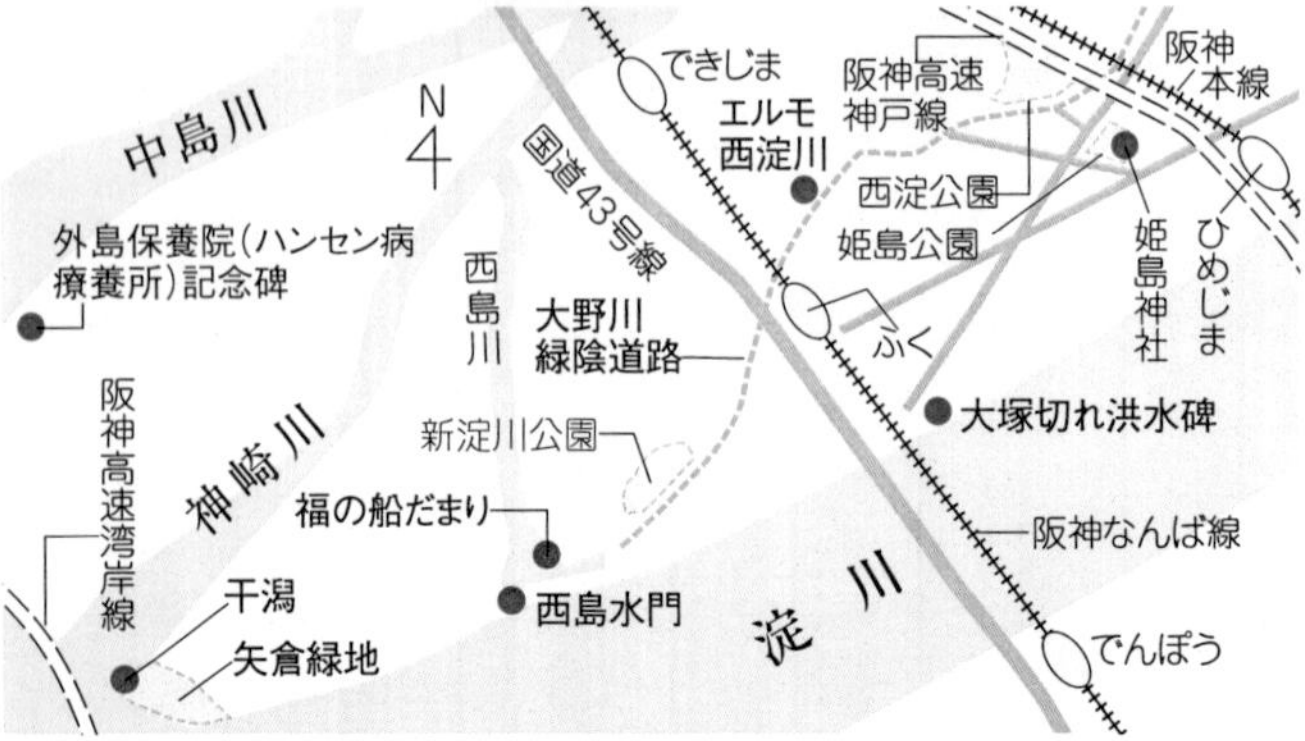

コースは阪神本線姫島駅から姫島神社を経て大野川緑陰道路へ。緑道終点までは約2・5キロ。淀川の堤防に出て河口の矢倉緑地までが約2キロ。来た道を戻り、帰りは阪神なんば線福駅から。計8キロ程度か。

姫島4丁目の姫島神社の創建年代は不明だが、万葉集にも歌われた古刹である。

住民が緑地化を要求

歩行者・自転車専用道路の大野川緑陰道路は元は水路。江戸中期、淀川の氾濫に苦しんだ農民が排水路として開削した中島大水道だった。水路は１９５９年の国道43号線建設により下流部が遮断され、悪臭の川となる。住民は工場と車による大気汚染に加え、川の汚濁にもさらされる。大阪市は水路を埋め立てて高速道路を建設する計画を１９６８年に打ち出す。

西淀川区では戦後、工場の排煙と幹線道路の増大により大気汚染公害患者が多発していた。住民はこの高速道路計画に大反対し、緑地化を要求した。１９７９年、緑陰道路が完成。歌島２丁目から百島２丁目まで全長約３・８キロに高木約１万本、低木約12万本。今や区も緑陰道路は「区民の宝」とアピールしている。

大野川緑陰道路　クス、ケヤキ、ヤマモモ、サクラ、クロマツ、シャリンバイ、サザンカなど約100種類に及ぶ樹木が植えられている

福の船だまり

姫島神社の大楠　樹齢900年ともいわれるが、1945年大空襲の焼夷弾で本殿とともに焼かれる

絶好の夕陽スポット

緑陰道路終点の先は淀川の堤防。福の船だまり、西島水門を経て矢倉緑地へ。福の船だまりは市内に残る数少ない漁港の一つだ。

淀川と神崎川の河口に挟まれた矢倉緑地は２０００年に完成した緑地公園（２・４ha）。市内で唯一、コンクリートの防波堤がない自然海岸が見られる。荒磯、潮だまり、干潟、野鳥観察所などが整備され、生物観察や魚釣りが楽しめる。

元は江戸期に京都の矢倉九右衛門が干拓した農地だが、１９３４年の第一室戸台風で水没し埋め立てられたという。

ここから見る夕陽が美しい。ただし、陽が沈んだらあっという間に暗くなるのですぐに帰途に着こう。堤防の道には街灯がない。

大阪市浪速《なにわ》区

〔大国町《だいこくちょう》～なんば〕庶民の味方を訪ねて

江戸時代、庶民の味方となって活躍した土木技術者や代官のゆかりの地を訪ねて、浪速区の大国町、なんばを歩く。

▲大阪木津卸売市場　地下鉄御堂筋線・四つ橋線大国町駅１号出口から東へ約 150 m

◀木津勘助之像　敷津松之宮・大国主神社に。脚絆姿で右手に設計図。1921 年頃に建立されたが、太平洋戦争中、金属類回収令で供出。1954 年、市民有志により再建された

木津市場と篠山代官

地下鉄大国町駅近くの大阪木津卸売市場は開設から約300年の2010年、リニューアル工事が完成した。市場の起源は1710年頃始まった野立ち売り。江戸時代、浪速区・西成区は木津村と呼ばれていた。

1810年、大坂代官の篠山十兵衛景義（1755～1818）の尽力により木津市場が官許され、村人の願いがかなう。代官が大坂を離れる際、村人らは感謝の意を込めて生き神様として祀った。それが難波八阪神社境内の篠山神社だ。

敷津松之宮・大国主神社には木津勘助の銅像が立つ。

篠山神社　篠山十兵衛景義を祀る。難波八阪神社境内に

難波八阪神社の絵馬殿　幅11ｍの獅子舞台

木津勘助（本名中村勘助、1586～1660）は相模出身の土木技術者。木津川の開削などで活躍するとともに、飢饉の際、大坂庶民を救うために奔走した。

飢饉に奔走した勘助

　1639年に近畿一円が冷害にみまわれ大飢饉に襲われると、勘助は大坂城の備蓄米放出を願い出たが聞き入れられず、私財を投じて村人に分け与え、それも足らず「お蔵破り」を決行。葦島（今の大正区）へ流罪となるが、大坂3郷の惣代から嘆願書が奉行所に出され、勘助の市中への出入りは自由だったという。

　勘助の生き様は歌舞伎、文楽、落語、河内音頭で語り継がれる。鴎公園には勘助が鼬川に架けたといわれる橋の跡碑が立つ。勘助の墓は唯専寺にある。

　1732年の享保の大飢饉後の1733年、幕府は救援備蓄米用の直轄米蔵「難波御蔵（なんばおくら）」を設置した。御蔵への輸送のため道頓堀と結ぶ難波新川も開削。1791年には天王寺御蔵を合併し、蔵は十数棟にも及んだという。難波御蔵は今、大型商業施設「なんばパークス」。

なんばパークス　屋上や通路に庭園が広がる大型商業施設。大阪球場跡地に2003年開業。明治期から大空襲で焼失するまでは煙草工場、江戸時代は幕府の米蔵「難波御蔵」だった

▶平和地蔵尊　戦没者慰霊のため難波中公園の一角に1959年３月建立。1945年３月13～14日の米軍による大阪大空襲では人口が密集する大阪市の中心部が狙われ、浪速区は93.4％が焼失。1944年２月に13万2345人いた区の人口は、1945年11月には5684人へと95.7％も減少した

〔鶴見橋《つるみばし》〜動物園前〕ディープな昭和レトロ

西成区の鶴見橋から動物園前までの商店街かいわいを歩く。昭和レトロの雰囲気が色濃く漂う地域である。

大衆演劇の鈴成座　地下鉄四つ橋線花園駅から徒歩5分

動物園前一番街「ディープ大阪ストリート」の幟が並ぶ

鶴見橋商店街

アーケード商店街

汐見橋〜岸里玉出間6駅の南海電鉄汐見橋線（正式名は高野線）は2両編成、1時間に2本ほどの運行で、都会とは思えないローカル線の趣きである。だが、沿線に大工場が林立していた時代は大勢の通勤客を運んでいた。

汐見橋線津守駅前から東に延びる鶴見橋商店街も、かつては天神橋や心斎橋の商店街と並び称されるほど賑わっていた。1909年（明治42）操業、国内最大級の大日本紡績津守工場の通勤路沿いに店が立ち並んだのが商店街の始まりだという。

南海電鉄汐見橋線津守駅

鶴見橋商店街には昭和レトロムードの喫茶店が点在

駄菓子屋の辻田菓子店

近松門左衛門碑と猫塚　松乃木大明神に明治期建立。近松碑（左）は天王寺公園に建立され内国勧業博覧会のためここに。その横の猫塚は三味線に使う猫の供養のため

軍服などを製造していた工場は、太平洋戦争で空襲の標的となり焼失した。跡地は今、西成公園と西成高校になっている。

東西約1㎞に及ぶ商店街はかつての賑わいはないものの、安くて美味いお店が軒を連ね、昭和レトロな庶民的雰囲気にあふれる。

鶴見橋2丁目の大衆演劇の鈴成座も近年、人気を集めている。

鶴見橋商店街、萩之茶屋商店街、動物園前二番街・一番街へとアーケード商店街をめぐる。進むほどにレトロ感は深まっていく。

動物園前二番街の脇の路地に入り松乃木大明神へ。猫の額ほどの境内に、近松門左衛門の立派な顕彰碑や猫塚がある。

地名ではない校名

花園北2丁目の弘治小学校は1898年開校、2015年3月末に統廃合で閉校したが、地名でない校名は珍しい。1941年（昭和16）に今宮第一から改称されたのだ。

中世、漁村として栄えていた地元、旧今宮村は宮中に大鯛を献納する役割を担っていた。弘治年間の16世紀半ば、後奈良天皇が村に感謝の文書を出したという。20世紀になってわざわざこうした故事により改称するのは、天皇崇拝を広める一環だったと言える。

〔住吉大社《すみよしたいしゃ》かいわい〕

住み良さそうな下町

住吉区の住吉大社は約1800年の歴史を誇り、「すみよっさん」と浪速っ子に親しまれている。水陸交通の要所としても発展してきたかいわいは住み良さそうな下町である。

住吉大社の反橋（そりはし）太鼓橋とも呼ばれる。石造の橋脚は慶長年間に淀君（豊臣秀吉の妻）が息子、秀頼の成長祈願のために奉納したと伝えられている

住吉大社の本殿 西向きに4棟の本宮が並ぶ。神社建築史最古の様式「住吉造」で国宝。現存の本殿は江戸時代の1810年に造営

宝泉寺の十三石仏 門脇の仏堂に等身大の仏像13体がたたずむ。江戸中期の作と考えられている。寺は982年恵心僧都（源信）により開祖

遣唐使もここから

住吉大社は全国の住吉神社の総本宮であり、航海の守り神として古くから信仰を集めてきた。国宝の本殿

▲住吉福祉会館（すみよし村ギャラリー）　元油屋・村長宅を改装した学習・集いの場。明治初期築の大和棟町家。玄関先の馬つなぎが珍しい。ギャラリーの裏は▼すみよし村ひろば。その奥の白壁の土蔵も元油屋で1840年築

池田屋　明治時代から作り続けているおかず味噌「住之江味噌」が人気

をはじめ、太鼓橋、石舞台、楠の大木、文学碑など、見どころが多い。

奈良・平安時代、住吉は海に面していた。住吉津（港）は難波津より古く、遣唐使などは住吉津から出港することが多かったと考えられている。住吉を詠った万葉歌も多い。

周囲にも古刹

住吉大社を取り囲むように、数多くの古刹がある。南の住吉大社境外末社の浅沢神社は古くからかきつばたの名所だ。北には六道の辻閻魔地蔵、生根神社。東の高台の東大禅寺は古墳の上に建てられた黄檗宗の寺だ。住吉街道沿いに油かけ地蔵の浄光寺、10世紀創建と推定される荘厳浄土寺。熊野街道沿いには十三石仏の宝泉寺、ちぎり地蔵の哀愍（あいみん）寺など。

荘厳浄土寺　大寺院の面影残る

住之江味噌の池田屋など古い町家や土蔵も点在。元油屋・村長宅の住吉福祉会館は明治初の築。学習・集いの場として住吉の歴史などについても展示している。

住吉大社かいわいへは普通、阪堺電車、南海電鉄で行くが、大阪駅前から大阪シティバス62系統・住吉車庫前行きに乗って終点下車もおすすめ。中之島、大阪城、天王寺など、上町台地縦断の車窓観光をしながら行くのも面白い。

大阪市住之江《すみのえ》区

〔加賀屋緑地《かがやりょくち》かいわい〕新田会所跡を訪ねて

住之江区の加賀屋緑地は江戸中期の新田会所屋敷跡を整備したもので、大阪市で唯一残る新田開発の遺構だ。

加賀屋緑地（加賀屋新田会所跡） 大阪市指定文化財・史跡。写真は鳳鳴亭と東池／南海電鉄本線住之江駅徒歩15分。地下鉄四つ橋線住之江公園駅徒歩15分。大阪シティバス南加賀屋４丁目徒歩５分／10時～16時30分（建物内見学は16時まで）／月曜（休日の場合翌日）、年末年始休み／無料

新田会所跡を訪ねて、南海本線住之江駅から地下鉄住之江公園駅まで歩く。

住之江駅西南の西住之江２丁目では、昭和初期の洋風長屋が散見される。１９３６年に宅地開発のための農地区割整理が完成しており、その記念碑も立つ。かつての農地が宅地に生まれ変わったのである。

豪商が開発・経営

阪神高速道路下の十三間川親水河川は、かつて水運に利用された運河で、大和

十三間川親水河川 鉄道ができるまで水上交運の剣先舟が運航。阪神高速道路工事にともない１９７５年に埋め立てられたが１９８３年、親水公園として整備された

加賀谷家防空壕（南加賀屋４丁目）
近所の老人らの避難にと故・加賀谷保一さんが半年かけて造り敗戦前日に完成させた

西住之江２丁目に残る洋風長屋

高崎神社　初代・甚兵衛が1755年、加賀屋新田の産土神として造営

大阪護国神社　境内に戦争の慰霊碑が数多くある

川にそそぐ。

　大和川の土手に出て国道26号線を渡る。江戸期の新田開発以前は、この国道より西は海だった。祐貞寺、高砂神社を経て加賀屋緑地へ向かう。

　１７０４年の大和川付け替え後、幕府は財力のある商人に新田開発・経営を請け負わせるようになる。両替商の加賀屋甚兵衛が加賀屋新田の開発に着手したのが１７４５年。１７５４年、新田を経営・管理をする会所が完成しここに居を移す。

　４８２２平方ｍの会所は書院、居宅、茶室、庭園などからなり、豪商の粋人ぶりがうかがえる。

　冠木門（かぶきもん）をくぐると正面に書院の入り口。書院は１７５４年築と伝えられ、数奇屋風の茶室、鳳鳴亭は１８１５年築。いずれも襖絵や書画、民具などを含め、江戸期の文化を伝える貴重な建物である。庭園は遠州風の築山林泉回遊式で、変化に富んでいる。複雑な形の池を中心に、築山、あずまや、待屋などを通りながらめぐる。

　近くの高砂神社、高崎神社も新田の産土神として甚兵衛が造営した。

　高崎神社近くに太平洋戦争中の鉄筋コンクリート製の防空壕がある。住之江公園駅東の大阪護国神社は大阪府出身の戦没者を祀るため１９４０年に創建された。

Ⅱ　北摂・北河内・中河内

22コース

〔曽根《そね》駅・岡町《おかまち》駅かいわい〕住宅街の今昔散策

豊中市の阪急宝塚線曽根駅・岡町駅かいわいの住宅街で歴史散策。入り組んだ道が多い。曽根駅→萩の寺→桜塚古墳群→岡町の大石塚古墳→原田城跡→曽根駅といったコース（約4・5キロ）が比較的わかりやすい。

曽根駅から北へ徒歩約4分の東光院萩の寺は萩の名所として知られる。境内には3千株もの萩が植えられ、北大路魯山人が命名した庭「萩露園」は「大阪みどりの百選」に選ばれている。

萩の寺は735年、行基創建の曹洞宗別格地寺院。大阪市北区中津にあったが1914年、現在地に移転。高浜虚子らの句会も開かれ、境内には正岡子規や虚子らの句碑が立つ。

東光院萩の寺の本堂（吉祥林・円通殿） 阪神淡路大震災で被災し1999年10月に再建、竣工した

峠三吉の詩碑「にんげんをかえせ」 岡町図書館前に豊中市が1995年、非核平和都市宣言の理念を次世代に伝えようと建立した

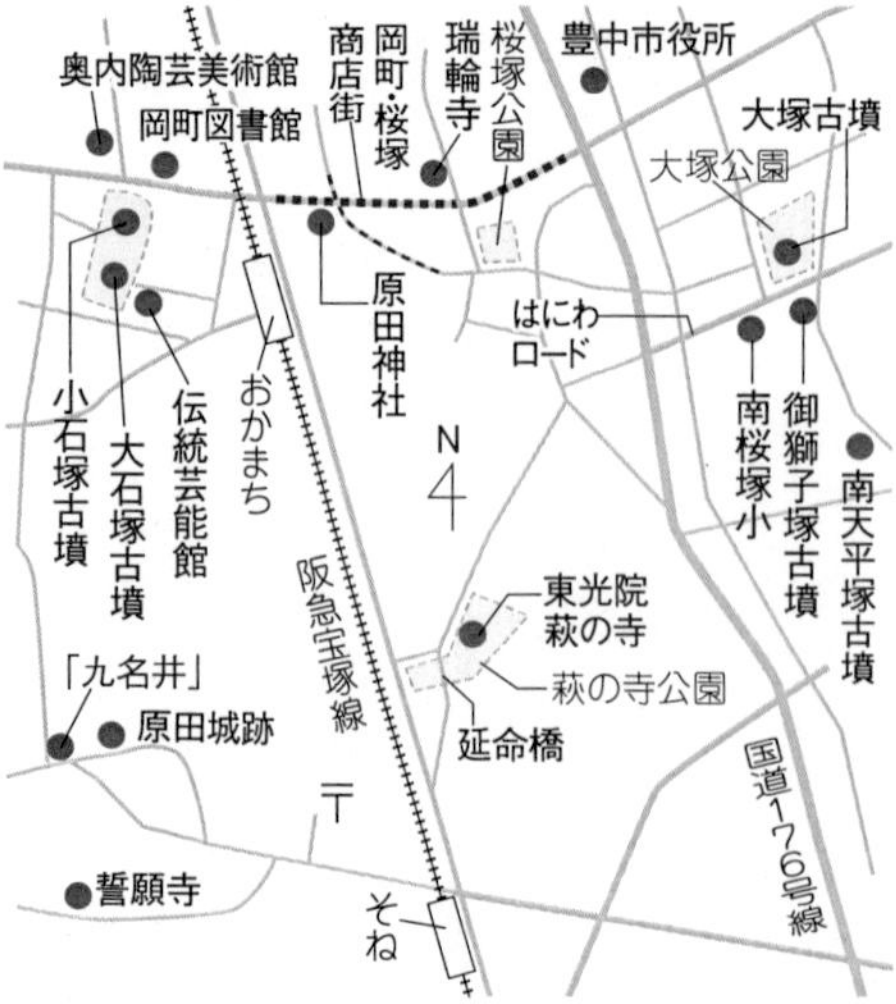

原田しろあと館　土曜・日曜日の12～16時開館／無料　▼**旧羽室家住宅**　城跡の一部に1937年築。外観、内部とも和洋折衷の木造二階建住宅。国登録有形文化財

大石塚古墳　4世紀末築造の前方後円墳。全長80m、桜塚古墳群で最大

桜塚古墳群

北上し、大塚公園の大塚古墳は、5世紀前半築造の直径56mの円墳。甲冑など副葬品が多数出土した。すぐ南の御獅子塚（おししづか）古墳は前方後円墳。どちらも桜塚古墳群に含まれる。古墳群はかつて36基あったが、現在は岡町駅西の大石塚・小石塚古墳などと合わせ5基のみ。いずれも国指定の史跡だ。

西に進む。桜塚公園東の三角屋根住宅は映画監督の山田洋次氏が2歳まで過ごした家と言われる。

岡町商店街南の原田神社は7世紀末創建と伝わる。五間社流造の本殿は国の重要文化財。

岡町駅西の岡町図書館の前に詩人、峠三吉の詩碑が立つ。峠三吉（1917～53）は岡町に生まれ、生後3ヵ月で広島に移り被爆した。36歳で亡くなるまで、詩を通して原爆の非人間性と平和の願いを訴え続けた。

大石塚・小石塚古墳の公園を西に抜け南に進む。水路の九名井＝くめい（原田井）の説明板の所を左に曲がって原田しろあと館（原田城北城）へ向かう。九名井は中世、田の灌漑のために開削された基幹水路だ。

原田城は土豪、原田氏の居館として13世紀末頃成立したと推定されている。南城もあったが、どちらも16世紀末に廃城。府内で中世土豪の城館の配置や変遷がわかる事例は原田城跡以外にはないという。

1910年の箕面有馬電気軌道（現阪急宝塚線）開通以後、城跡は住宅地として開発・分譲された。北城一角に残る旧羽室家住宅は昭和初期のモダンな雰囲気を伝えている。

石橋《いしばし》〜萱野《かやの》

西国《さいごく》街道に昔の佇まい

箕面市の旧西国街道の一部を歩く。池田市の石橋から萱野までの約４キロ。古い民家や田園風景など、昔日の佇まいが色濃く残る道である。「西国街道」の道標があるので、あまり迷うことはない。

萱野の西国街道

萱野三平の辞世の句碑

▲萱野三平記念館涓泉亭　阪急バス萱野三平前（萱野3・10・4）／10〜17時／月曜（祝日の時は翌日）、年末年始休館／無料

阪急石橋駅周辺の道はややこしいが、東改札口から北東方向へ住宅街、国道171号線池田バイパスの高架下を抜け、阪急箕面線沿いの道に出る。踏切北の用水路沿いの道が西国街道だ。

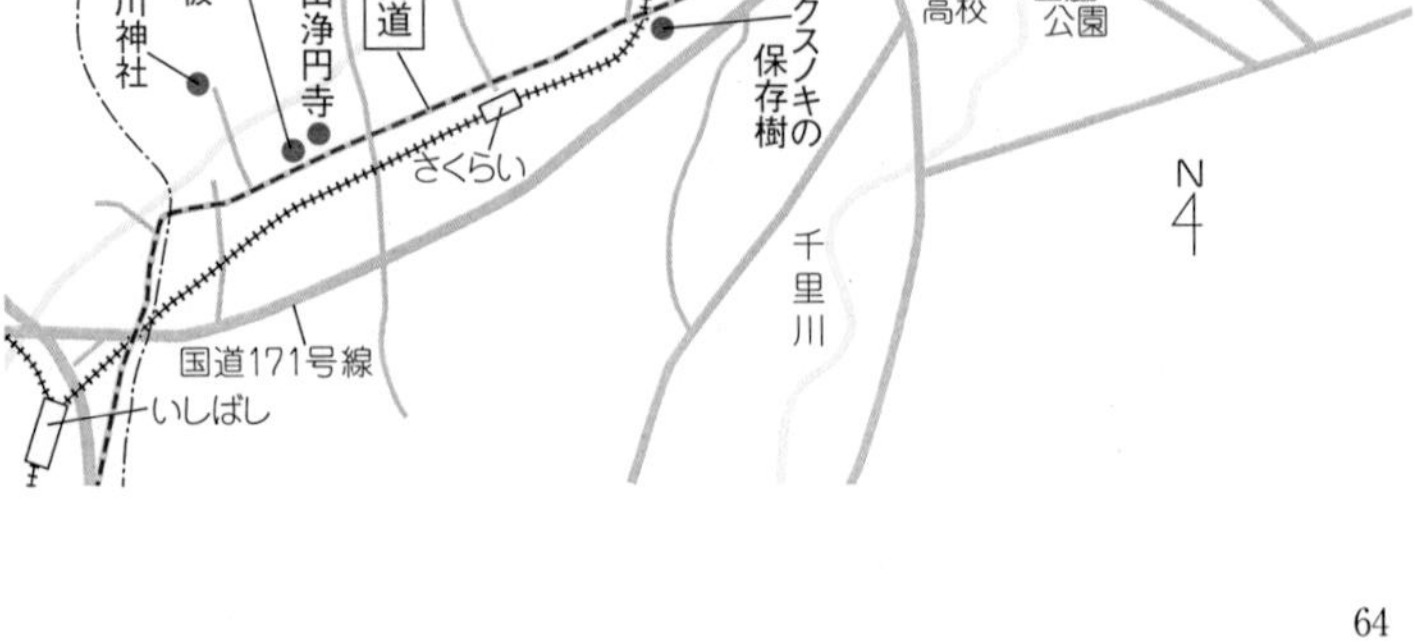

桜井の古い民家

箕面線の阪急電車が桜井・牧落間の急カーブ地点で旧家の玄関先を走る

本陣があった宿場町

西国街道は江戸時代、大坂を通らずに京へ入る道として、西国大名の参勤交代にも利用され繁栄した。箕面市半町2丁目の自動車教習所前の説明板によると、隣り合う瀬川と半町は江戸期、立会駅所と大名が泊まる本陣のある宿場だった。

古い民家が点在する桜井から、阪急箕面線の急カーブの踏切を渡り牧落へ。南北に通る旧箕面・大坂道と西国街道が交わる四辻は牧落の旧札場。幕府や領主のお触れが掲げられていた所だ。道標が2基残っている。

▲牧落の旧札場と道標　江戸期、箕面・大坂道と西国街道の四ツ辻に高札場があった。道標には「大坂　はっとり」「みのをみち」などと刻む

百楽荘の街道沿いのクスノキ。箕面市の保存樹木

少し進むと国道171号線にぶつかる。歩道橋を渡ると街道は171号線と少し重なるが、やがて静かな小道になる。稲2丁目で教学寺に立ち寄る。十三世住職の息子、三島海雲（1878～1974年）はカルピスの創始者で、境内に記念碑がある。

萱野に入ると田畑が広がる。萱野三平記念館は、赤穂藩士として忠と孝の間で苦しみ自害した萱野三平の旧邸で、府指定の史跡。

展示は、優れた俳人（俳号・涓泉＝けんせん）としての足跡も伝える。三平の辞世の句碑「晴れゆくや日ごろ心の花曇り」も建てられている。萱野三平前から阪急バスで帰途に着く。

〔池田《いけだ》駅周辺〕見どころいっぱい能勢《のせ》街道の街

池田市の阪急宝塚線池田駅かいわいは、いくつもの資料館や城跡公園、古い街並みなどがあり、見どころ満載である。

池田駅北のサカエマチ商店街を抜けると、旧能勢街道沿いに旧加島銀行池田支店（インテリアカワムラ）の歴史的な建物が目に入る。1918年築、国の登録有形文化財である。

その並びの落語みゅーじあむは池田が登場する演目「池田の猪買い」「池田の牛ほめ」の展示、上方落語家のDVD・CD視聴コー

逸翁美術館　陶磁器や書画など小林一三（逸翁）の収集品を中心に紹介。マグノリアホールを併設している
◆池田文庫・逸翁美術館・小林一三記念館　阪急宝塚線池田駅から徒歩10分／10～17時／月曜（祝日・振替休日の場合翌日）・年末年始休館（逸翁美術館は展示替え期間も閉館）

小林一三記念館　1937年完成の小林家旧邸「雅俗山荘」。鉄筋コンクリート2階建ての和洋折衷の洋館。茶室、長屋門、塀とともに国登録有形文化財／高校生以上300円、中学生以下無料

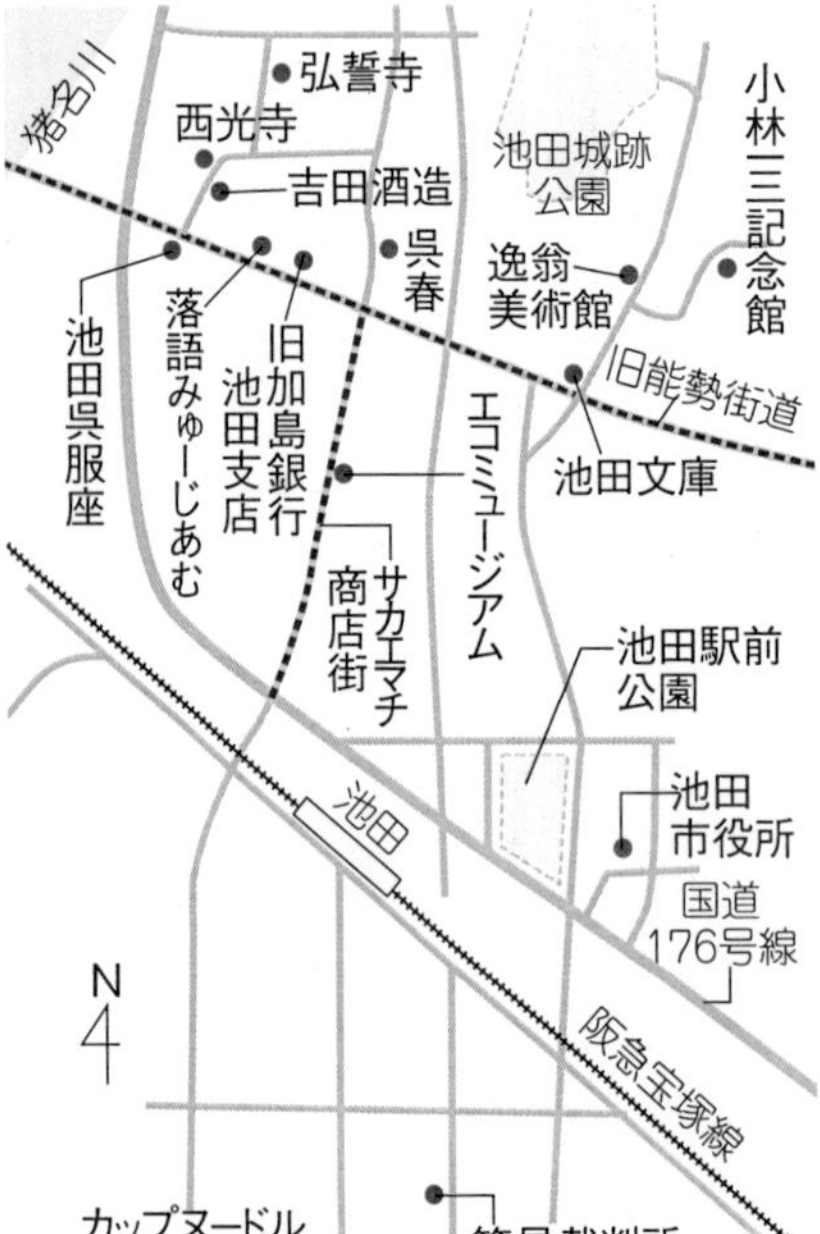

郵　便　は　が　き

料金受取人払郵便

大阪北局
承認

1860

差出有効期間
2025年
3月31日まで

553-8790

007

大阪市福島区吉野
3-2-35

日本機関紙
出版センター行き

【購読申込書】

＊以下を小社刊行図書のご注文にご利用ください。

[書名] [部数]

[書名] [部数]

[お名前]

[送り先]

[電話]

ご購読、誠にありがとうございました。
ぜひ、ご意見、ご感想をお聞かせください。

[お名前]

[ご住所]

[電話]

[E-mail]

①お読みいただいた書名

②ご意見、ご感想をお書きください

＊お寄せ頂いたご意見、ご感想は小社ホームページなどに紹介させて頂く場合がございます。ご了承ください。

ありがとうございました。

日本機関紙出版センター　でんわ 06-6465-1254　FAX 06-6465-1255

池田城跡公園　9～19時開園（11～3月は17時まで）／火曜（祝日の場合は直後の平日）・年末年始休園／無料

落語みゅーじあむ（池田市立上方落語資料展示館）池田駅から徒歩7分／11～19時／火曜（祝日の場合翌日）・年末年始休館／無料（落語会などは木戸銭が必要）

カップヌードルミュージアム大阪池田　9時30分～16時30分／火曜（祝日の場合翌日）・年末年始休館／無料（アトラクション利用は有料）

町家集積地区の西光寺付近

ナーなどがあり、落語に親しめる。斜め向かいは大衆演劇場「池田呉服座」。

能勢街道を北に入ると町家集積地で、西光寺、弘誓寺などの古刹、酒造の老舗などが立ち並ぶ。

その東には池田城跡公園。室町～戦国時代、池田周辺一帯を支配していた国人、池田氏の居城だった。池田の町が見渡せる櫓風の展望休憩舎は、天守を再現したものではない。城跡をイメージさせるものとして整備したという。

著名な起業家2人

城跡公園の東門を出て南に下ると、逸翁美術館、池田文庫、少し離れて小林一三記念館がある。特に小林一三記念館は、小林一三（1873～1957）の生涯と業績を紹介していて興味深い。阪急電鉄、宅地開発、宝塚歌劇、東宝映画、日本初のターミナルデパートなど多方面で起業するとともに、茶の湯、著述などでも活躍した。

池田で暮らした有名な起業家がもう一人いる。池田駅から南へ徒歩5分のカップヌードルミュージアム大阪池田は安藤百福（1910～2007）の業績とインスタントラーメンの歴史を楽しく伝える。百福が1958年にチキンラーメンを発明した池田の自宅の研究小屋も再現されている。

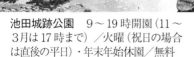

吉川《よしかわ》・野間《のま》・地黄《じおう》

豊能郡《とよの》里山まち歩き

大阪府北西端の豊能郡の豊能町吉川、能勢町野間・地黄を歩く。千年の歴史が息づく里山に心安らぐ。

最寄り駅、能勢電鉄妙見口駅までは大阪市内の梅田から1時間弱で行けて本数も多いので意外と便利だ。妙見口駅周辺が吉川。能勢町野間、地黄へは妙見口駅前から阪急バスで行くが、本数が少ないので調べておこう。バスの時刻によっては先に能勢町の方へ行く。

野間の大けやき　幹周約13m、高さ約27m。元は鎌倉時代創建の蟻無宮の境内にあって神木だったと見られる。蟻無宮は明治期、野間神社に合祀された

▶花折（はなおれ）街道　江戸〜明治期の約100年間、妙見山参拝客の往来で栄えた。今はハイカーらが時おり妙見口駅〜ケーブル黒川駅を往来（徒歩約25分）

地黄公会堂　昭和初期築の木造だが、現役である

吉川八幡神社　平安時代、源頼仲が吉川城在住時の創建で1000年近い歴史をもつ。神社の森はシイ、カシなどの照葉樹林。コジイは自生最北限という

野間神社で機雷と砲弾が合体した忠魂碑を発見

清普寺（せいふじ）の本堂と庫裏
領主能勢頼次が1601年開創。境内の能勢氏代々の墓碑も圧巻

木野川沿いの道　正面の小山は中世能勢氏の居城、丸山城跡

有名な野間の大けやきへは本滝口で下車し西へ約10分。野間稲地の交差点の西に樹齢推定1千年以上のケヤキが幹を広げている。国指定天然記念物だ。傍らで屋台「ありなし珈琲」が営業（土・日曜10～16時）。

すぐそばの能勢町けやき資料館が、大けやきがアオバズクやフクロウの営巣場所になっていることや、土壌改良、ヤドリギ除去等の樹勢回復の取り組みなどを伝えている。

国道477号線と並行する木野川沿いの道を北上して地黄へ。田園風景が広がり気持ちのいい道だ。

地黄は薬草の名。この地に奈良～平安時代、皇室の薬園の一つがあったという。野間神社、清普寺、真如寺、中世の丸山城跡、江戸期の地黄城跡などをめぐる。

奥の院バス停から妙見口駅に戻り、駅前から徒歩約15分の吉川八幡神社へ。

花折街道を通るが、帰りは神社の西側の細い道を下って行くと、里山風景がいっそう堪能できる。吉川一帯の里山はかつて高級炭の産地だった。

〔吹田《すいた》駅南側〕

ＪＲと阪急の京都線吹田駅の南側には、水陸交通の要衝として発展した吹田の歴史が詰まっている。

神崎川《かんざきがわ》と街道が結ばれて

阪急京都線の相川駅西口から新京阪橋を渡り、安威川（あいがわ）沿いを下流に向かう。上高浜橋のたもとに「吹田の渡」の説明板がある。１８７８年（明治11）の神崎川付け替えで安威川になったが、元は神崎川の渡し。ここを起点に亀岡街道が丹波方面へ、吹田街道が能勢方面へのびる。

周辺には大きな旧家が立ち並び、回漕業で栄えた往時を彷彿とさせる。高浜神社、蓮光寺、大の木神社、行基の創建と伝わる観音寺

浜屋敷（吹田歴史文化まちづくりセンター）

中庭をはさんで右側が主屋、左側が蔵棟／阪急京都線相川駅から徒歩 10 分、ＪＲ京都線吹田駅から徒歩 15 分／９～22 時／施設点検日、年末年始休館／観覧無料

▶**観音寺**　浜屋敷の南向かいに

南高浜町に残る古い家並み

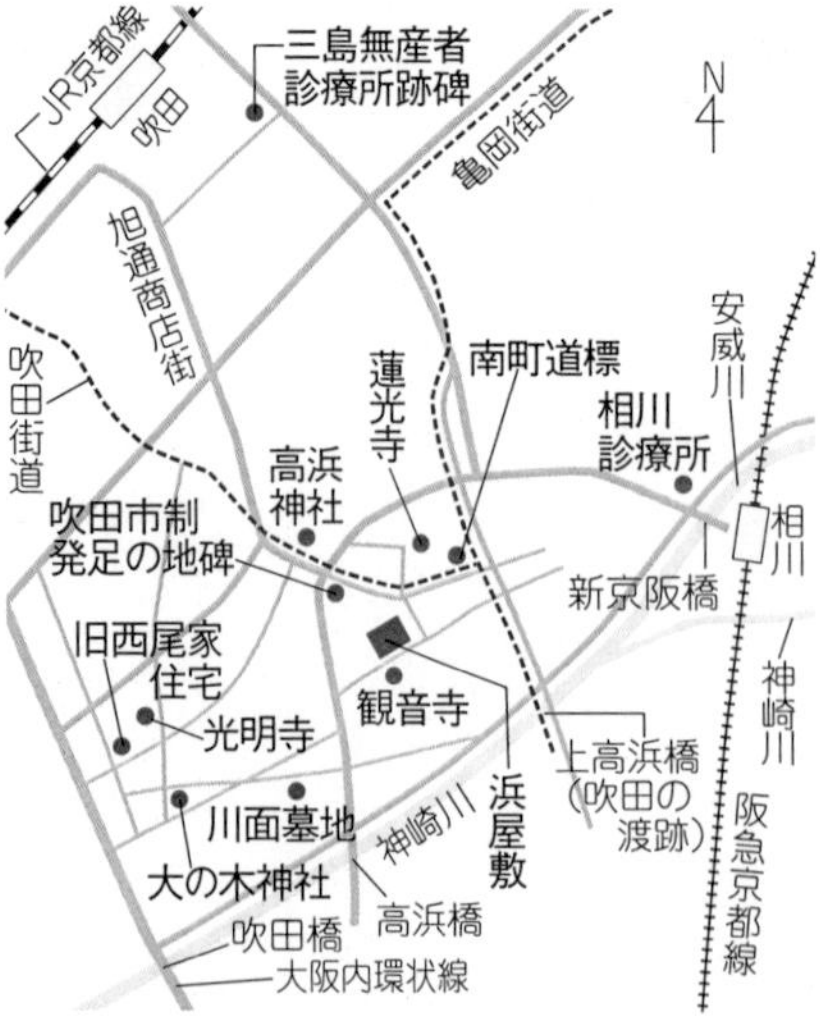

旧西尾家住宅（吹田文化創造交流館）
TEL 06-6381-0001／JR京都線吹田駅か阪急千里線吹田駅から徒歩約10分／庭園・主屋観覧は水・日曜、事前申込みが必要／月曜、12月29日～1月3日休館／無料

▶三島無産者診療所跡碑
1981年11月、医療法人共愛会が建立

吹田の渡跡（上高浜橋）　橋が架けられる明治初めまで、大坂と丹波を結ぶ亀岡街道の渡し船が往来

旭通商店街　地元密着で賑わう

など、古刹も点在する。

吹田の渡跡から少し北の浜屋敷（吹田歴史文化まちづくりセンター）は、江戸期の吹田村の庄屋を整備したもの。へっつい（かまど）のある主屋の内部が見学でき、蔵を利用した吹田発展資料室は、水陸交通の要衝として発展した吹田の歩みを展示や映像で紹介。

内本町（うちほんまち）2丁目の旧西尾家住宅も庄屋の屋敷跡である。西尾家は江戸期、仙洞御料（上皇の御料）の庄屋を務めた。数奇屋風の母屋は1895年（明治28）に建て直されたもの。離れは武田五一の設計で1926年築。いずれも優れた近代和風建築を体現している。ジュネーブ音楽院に留学し「竹取物語」などを作曲した夭折の音楽家、貴志康一（1909～1937）の生家（母の実家）跡でもある。

三島無産者診療所

JR吹田駅南のイオン南の道路脇に三島無産者診療所跡碑が立つ。この辺りに1931年、神崎川流域の友禅工場労働者の活動家らが労働者・農民のための無料診療の診療所を設立した。政府の弾圧と経営難で1938年に閉鎖されるまで多くの患者が利用した。初代所長の加藤虎之助（1905～1933）が神崎川沿いの市有川面墓地に眠る。

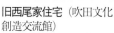

〔摂津《せっつ》市北部・中部〕4つの川めぐり歩き

阪急京都線の摂津市駅周辺の境川、大正川、安威川（あいがわ）、山田川の4つの川をめぐり歩く。

大正川河川敷公園　境川との合流地点

境川せせらぎ緑道　境川の上部に貯水槽、水路、遊歩道を設置

安威川　山田川との合流地点。安威川ふれあいづつみではカモ類、サギなどの鳥が観察できる

CO_2排出ゼロ駅

阪急摂津市駅は、省エネや排出枠購入などで二酸化炭素排出量を実質的にゼロにする日本初のカーボン・ニュートラル・ステーションとして2010年3月に開業した。その取り組みの全体像が駅構内の地下通路に展示紹介されている。

太陽光発電、LED照明、省エネ型エレベーター、雨水利用、男性トイレの無水小便器、緑化推進などさまざまな省エネ設備、環境施

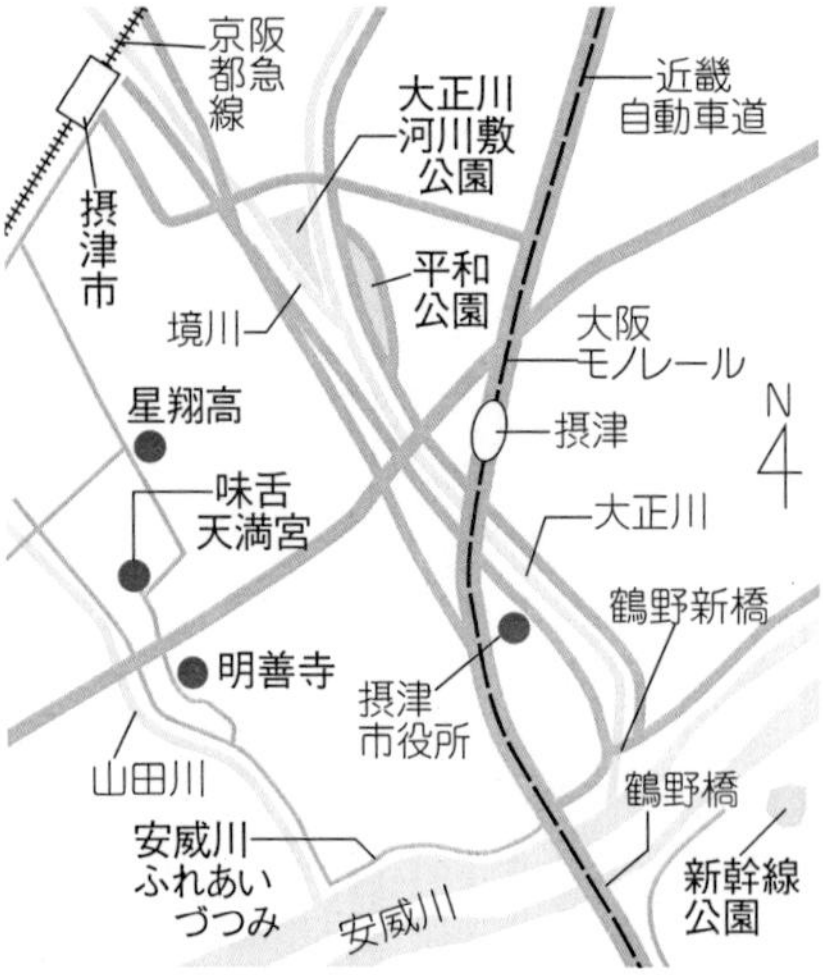

新幹線公園　展示されている新幹線は初代の０系車両１号車。1969年に製造、1984年まで約532万キロ走った

平和公園のカリヨン　下部側面に核兵器のない地球をめざす「憲法を守り人間を尊重する平和都市宣言」（1999年4月1日）が刻まれている

阪急摂津市駅の地下通路に駅のエコの取り組みを展示

山田川付近の細道

味舌天満宮本殿▶

策を導入している。

　東改札口を出て境川せせらぎ緑道を通り、香露園交差点で左折して、大正川河川敷公園へ。ここはガランドポンプ場跡。境川と大正川に囲まれ浸水に度々悩まされていたため１９６９～１９９５年、内水の排水施設が設置されていた。排水ポンプが展示されている。

平和公園と新幹線公園

　渡し石をつたって大正川を渡り平和公園へ。摂津市が市政20周年を記念して１９８６年11月に開園。南ゾーンにはアーチ型カリヨンや、広島市から譲り受けた被爆石のモニュメントなどが設置されている。

　大正川の堤防道を南下する。安威川合流あたりの鶴野新橋、続いて鶴野橋を渡って約４００ｍ続く桜並木を抜け新幹線公園へ。安威川と大阪貨物ターミナルとの間の安威川堤防上にあり、０系新幹線車両と電気機関車が展示されている。

　再び鶴野橋を渡り、安威川右岸の安威川ふれあいづつみから山田川沿いを北上する。東側の細い脇道に入ると旧道の趣き。味舌天満宮（ましたてんまんぐう）に立ち寄って摂津市駅に戻る。味舌天満宮本殿は境内の摂社八幡神社本殿とともに府指定有形文化財。両殿とも檜皮葺屋根の一間社流造である。

千提寺《せんだいじ》・下音羽《しもおとわ》地区　隠れキリシタンの里

隠れキリシタンの里として知られる茨木市北部の千提寺・下音羽地区で、山里の風景を堪能しながら約5キロ歩く。JR京都線茨木駅か阪急茨木市駅前から阪急バスで行くが、便数が少ないので時刻を調べておこう。

この山里が隠れキリシタンの里であったことが知られるようになったのは1919年（大正8）。1873年（明治6）のキリスト教解禁から50年近く経っていた。地元のキリシタン研究者、藤波大超氏によって1919年、千提寺クルス山遺跡で「上野マリヤ」銘墓碑が発見されたのがきっかけだった。

2012年以降も新名神高速道路の建設工事にともない、新たにキリシタンの墓とみられる遺構が次々と

茨木市立キリシタン遺物史料館　阪急バス千提寺口から東へ900 m／9時30分～17時／休館は火曜（祝日の場合開館）、祝日の翌日（日曜の場合開館）、12月29日～1月3日／無料

わんぱく広場

忍頂寺スポーツ公園　グラウンド、レストラン、宿泊・研修施設などがある

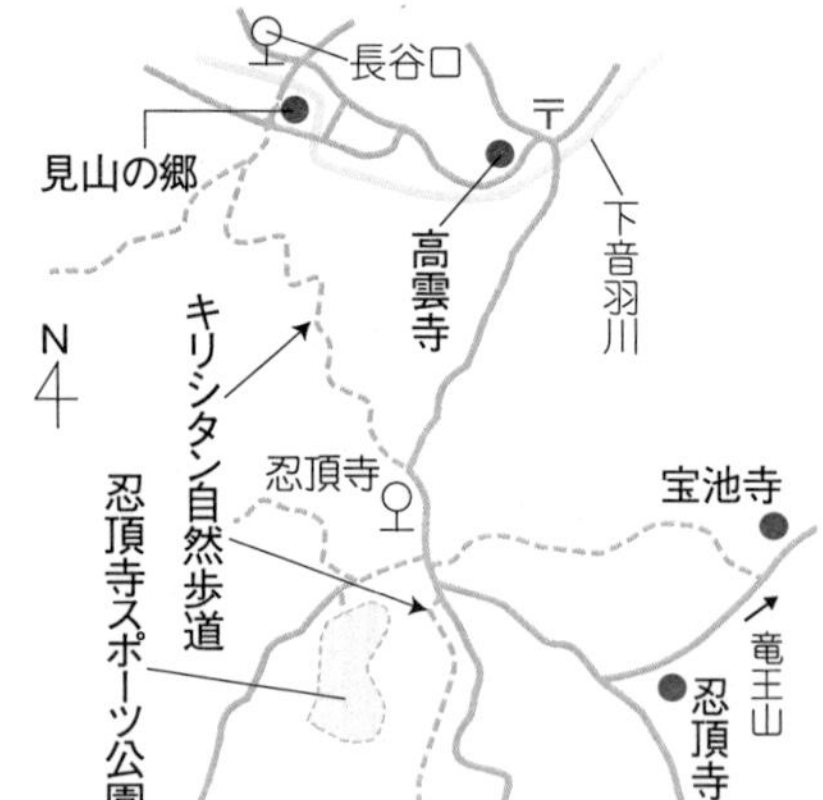

見つかっている。

　茨木市立キリシタン遺物史料館で、茨木市の隠れキリシタンの歴史や遺物発見に至る経緯を映像で学べる。

　隠れキリシタンの家にあったキリスト教関連の美術品や書物なども展示されている。教科書で有名な「聖フランシスコ・ザビエル画像」は、史料館向かいの東家で「開けずの櫃」と呼ばれ伝わってきた箱から見つかった。

「上野マリヤ」銘墓碑

キリシタン墓碑　下音羽地区の高雲寺にある大小２基。それぞれ1610年、1613年のもの。縦横が同じ長さの等辺十字章が刻まれている

キリシタン自然歩道

見山の郷　阪急バス長谷口から５分／９～17時（11～３月は16時まで）／火曜定休

　キリシタン自然歩道を北上し、下音羽地区の高雲寺へ向かう。高雲寺は曹洞宗の禅寺だが、境内に江戸初期のかまぼこ型のキリシタン墓碑が2基ある。豊臣秀吉や徳川幕府がキリスト教禁止を布くなか、村人らは表向きは寺の檀家となってキリスト教信仰を続け、寺の方も黙認していたことがうかがわれる。
　高雲寺から徒歩約15分の見山の郷に立ち寄り、すぐ近くの長谷口バス停から帰途に着く。見山の郷には地元産の米、野菜、味噌、米粉パンなどの販売所や食堂があり人気を集めている。
　ほかに、千提寺の縄文スタイルのカフェ「茶房まだま村」やアートを楽しむカフェ「M's Cafe」で山間の「隠れ家」が味わえる。忍頂寺（寿命院）や宝池寺へ足をのばすのもいい。

M's Cafe　千提寺のカフェ

〔高槻《たかつき》城跡かいわい〕

高山《たかやま》右近《うこん》の城下町

カトリック高槻教会の高山右近記念聖堂　1962年３月完成
高山右近の像　聖堂前に没後350年の1965年に建立された

城跡公園

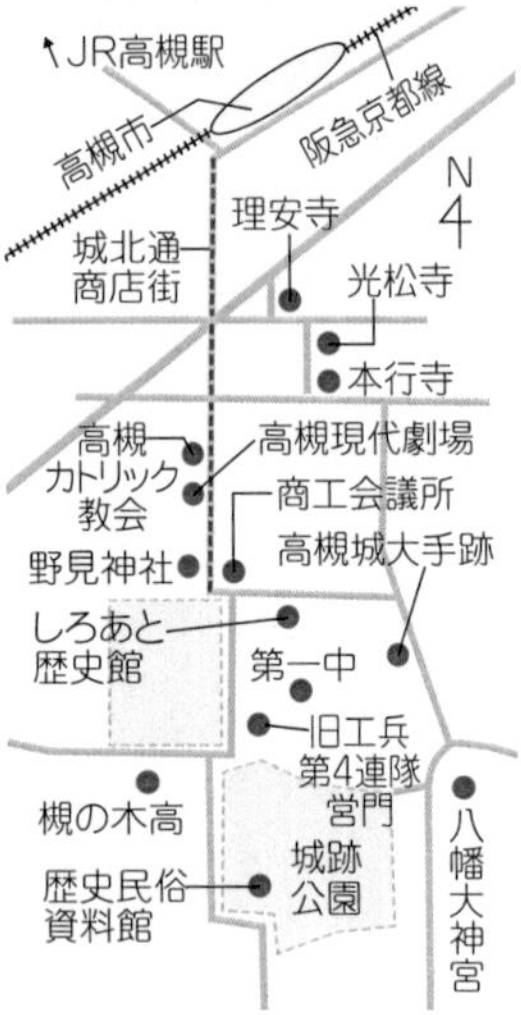

高槻は戦国時代末期のキリシタン大名、高山右近（1552〜1615年）の下で基礎が築かれ、京・大坂間の交通の要所として栄えた。城跡かいわいを歩いて城下町の歴史を探ろう。

阪急高槻市駅から城北通商店街を抜けて南に進むと、右手にカトリック高槻教会の高山右近記念聖堂が現われる。右近の臨終の地となったマニラ郊外の大聖堂を模して設計されたという。前庭で大理石の右近像が聖堂を見上げている。

野見神社向かいの商工会議所は右近と父親が建てた天主教会堂の跡と推定され、記念碑が建てられている。

ここから南一帯が高槻城跡だ。近世の高槻については、2003年3月に三の丸跡に開館したしろあと歴史館で学べる。

右近が高槻城主になったのは1573年。右近は町屋を取り込んで城郭を築くとともに、壮麗な教会堂を建ててキリスト教を広げる。宣教師の記録によれば2万

5千人の領民のうち1万8千人がキリシタンになったという。ところが1585年、豊臣秀吉に明石の播磨船上城に移封され、その2年後、秀吉の棄教の命令を拒否したために領地を没収される。さらに徳川家康のキリシタン弾圧により1614年国外追放となり、1615年マニラで病死する。

城跡公園に城郭は残っていないが、池を囲う石垣やさっそうと立つ右近像に広大な城の面影を感じる。歴史民俗資料館として移築された江戸中期の町家も公開されている。

工兵第4連隊跡

しろあと歴史館南の第一中学校や城跡公園は1909〜1945年、軍用地だった。工兵第4連隊の兵舎や練兵場などが広がり、多くの兵士を育成していた。工兵第4連隊の営門と哨所が第一中学から分離されて保存されている。終戦50年にあたり、過去の悲惨な戦争を繰り返すことがないよう、市民の平和のモニュメントとして保存する、と説明板に記されている。

城跡公園にある広島市の被爆石のモニュメントや被爆クスノキ二世なども見て、公園の北東口を出ると八幡大神宮。そこから北進し、高槻城大手跡を経て、本行寺、光松寺、理安寺へ。この辺りは城下唯一の寺町だったという。

工兵第４連隊の営門跡

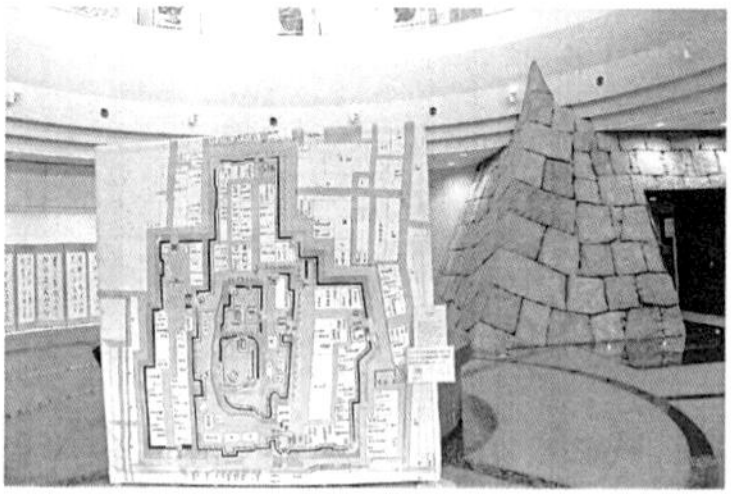

高槻市立しろあと歴史館　1階ホールの「高槻城絵図」／阪急高槻市駅から徒歩約10分、ＪＲ高槻駅から約15分／10～17時／月曜（祝日は開館）、祝日の翌平日、年末年始休館／無料（特別展は有料の場合あり）

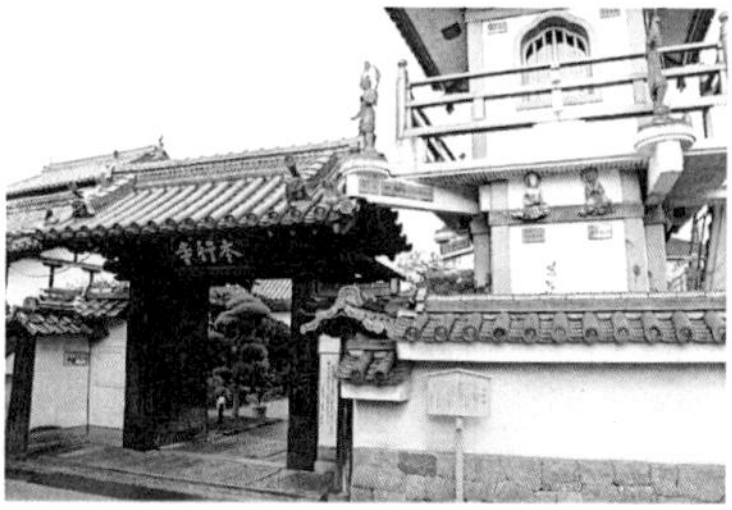

本行寺（ほんぎょうじ）

光松寺（こうしょうじ）

富田町《とんだちょう》＆今城塚《いましろづか》古墳

寺内町《じないまち》・酒造の町と大王の杜《もり》

清鶴酒造　毎年２月の土・日曜にグループ事前予約の蔵見学も可

本照寺　摂津地域の本願寺派寺院の拠点として隆盛を極めた

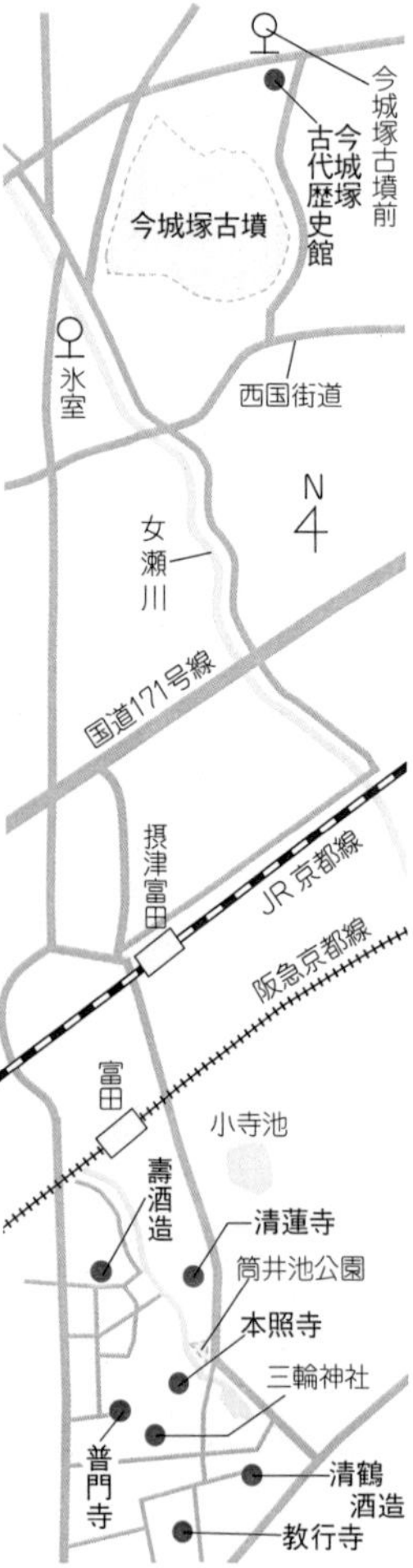

富田町は江戸前期、良質な稲作や富田台地の地下水脈、商工業基盤などによって、寺内町（寺院を中心とした自治集落）から酒造の町へと変貌。どちらの町並みもよく残っている。足を延ばして国史跡の今城塚古墳も見学しよう。

ＪＲ京都線の摂津富田駅または阪急京都線の富田駅から南へ行くと清蓮寺、本照寺、普門寺、教行寺など大きな古寺が寺内町らしく軒を並べる。

高槻城下から西の茨木方面へなだらかに下っており台地であることを実感。地下水源の存在がわかる池も見られる。さらに南へ進み、突き当たりを東へ折れたら黒い焼き板壁の酒蔵が現れる。17世紀後半の最盛期には24軒の酒造家が軒を連ねていたが、18世紀になると池田、伊丹、灘、今津の酒造に圧倒されて販路・生産量ともに激減したという。現在、清鶴酒造と寿酒造の

今城塚古代歴史館　ＪＲ摂津富田駅から徒歩約25分。市営バス「今城塚古墳前」すぐ、「氷室」から徒歩3分／10～17時／休館は月曜（祝日は開館）、祝日の翌平日、年末年始／無料（特別展等は有料の場合あり）

今城塚古墳の埴輪祭祀場　大王のハニワ祭り再現は全国でここだけだという

清蓮寺　江戸前期酒造業で栄えた紅屋・清水家の菩提寺。閑静な境内に老松が枝を張る

寿酒造　1822年創醸、國乃長の醸造元

三輪神社　さすが酒造の町。酒の神様を祀る

2軒の酒造家が伝統の製法技術を引き継いでいる。

大王のハニワ祭り

ＪＲ摂津富田駅から女瀬川（にょぜがわ）沿いに北へ約25分歩いて今城塚古墳の公園「いましろ大王の杜」へ。6世紀後半に築かれ、二重の濠をもつ、淀川流域最大級の前方後円墳。学術的に継体天皇の陵墓と考えられているが、古墳内を自由に散策できる。

埴輪祭祀場の大王のハニワ祭りが墳丘の北側に再現され、巫女、武人、鷹匠、力士、馬、水鳥、家、武具など約190点の巨大埴輪レプリカが発掘調査で確認された位置に並んでいる。この古墳の多くの埴輪は1kmほど西の新池埴輪窯（ハニワ工場公園）で焼かれ製作されたと考えられている。

古墳公園北側に隣接する今城塚古代歴史館では、今城塚古墳の実像を始め、三島古墳群の概要、古墳時代の終焉などについて展示解説。巨大古墳の築造過程の実大ジオラマも興味深い。

〔島本町《しまもとちょう》の西国《さいごく》街道〕

名水とともに栄える

府北東端の島本町を貫く旧西国街道を歩きながら、水陸交通の要衝として、名水とともに栄えてきた歴史に触れる。

町の史跡や文化財について、JR島本駅前の町立歴史文化資料館が紹介している。縄文～近世の遺跡出土品も展示されている。

国史跡の桜井駅跡

資料館は史跡桜井駅跡の記念館「麗天(れいてん)館」として1941年、当時の財界の重鎮、一瀬粂吉が有志と共同で建設したものだ。

水無瀬神宮の離宮の名水　6～17時に取水可

西国街道　古代からの幹線道路が町を貫く

水無瀬神宮の客殿
茶室とともに国の重要文化財。桃山時代築の客殿は、豊臣秀吉が福島正則に命じて造営・寄進したという

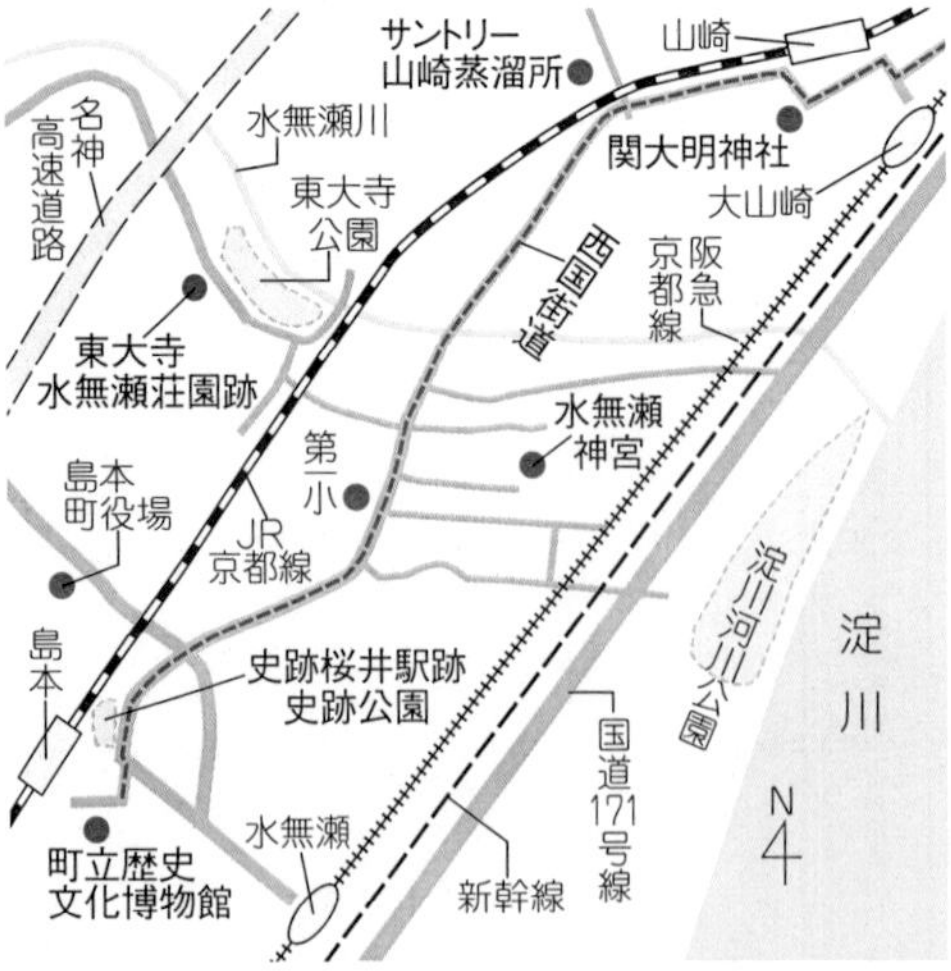

向かいの公園が桜井駅跡である。古代の「駅」とは幹線道沿いに中央と地方の情報伝達のため馬を配した役所のこと。町を貫く西国街道は江戸時代に発展したが、古代から京と大宰府を結ぶ幹線道路だった。

　桜井駅は『太平記』の一節「桜井の別れ」で知られる。１３３６年、足利尊氏の大軍を迎え撃つため兵庫へ向かった楠木正成が長子に遺訓を残した場所と伝わる。１９２１年、国史跡に指定され、戦時中「忠臣の鑑」として軍国主義の高揚に利用された。

　街道を京都方面に進む。水無瀬神宮は後鳥羽上皇（１１８０～１２３９）の離宮跡。境内の離宮の水は水無瀬川などの伏流水。府内唯一「全国名水百選」に選ばれている。

　この先の島本町山崎も名水の里。サントリー山崎蒸溜所が１９２３年、日本初のモルトウイスキー蒸溜所建設に着手した地だ。

　京都との府境手前の関大明（せきだいみょう）神社は古代の摂津国と山背国の関所跡と言われている。本殿は室町中期築とされ、大阪府指定重要文化財。

サントリー山崎蒸溜所　ＪＲ京都線山崎駅、阪急京都線大山崎駅より徒歩約10分／見学（山崎ウイスキー館、10時～16時45分）は要予約（TEL075-962-1423、9時30分～17時）

関大明神社　東へ一歩先は京都府大山崎町

島本町立歴史文化資料館（旧麗天館）　ＪＲ京都線島本駅前。阪急京都線水無瀬駅より徒歩５分／９時30分～17時／休館は月曜（祝日の場合翌日）、年末年始、企画展準備期間／無料

史跡桜井駅跡の楠公父子訣別之所碑（なんこうふしけつべつのところひ）　説明板によると、題字は陸軍大将乃木希典の書で、1912年（大正１）７月に建碑式典が行われた。桜井駅跡の敷地は、明治末年「楠公父子訣別之處修興会」が組織されて以後、寄付を募って拡大されていく

〔守口《もりぐち》市中心部〕京街道《きょうかいどう》・文禄堤《ぶんろくつつみ》を歩く

守口市の中心部は江戸時代、東海道五十七次の宿場町として繁栄した。豊臣時代の1596年（文禄5）に整備された京街道の文禄堤が発展の基盤となった。京阪本線守口市駅・地下鉄谷町線守口駅周辺の文禄堤、京街道を歩く。

文禄堤　周囲よりかなり高く
古い商家も見られる

来迎坂　文禄堤から奈良街道に通じる石段

東海道五十七次の宿

文禄堤は1596年（文禄5）、豊臣秀吉が毛利輝元らに命じて淀川左岸の堤防を改修・整備させたもの。京・大坂間の京街道の距離を短縮するのが目的だった。

文禄堤のおかげで京街道と淀川水運が結びつき、守口は発展する。江戸期の1616年には東海道の57番目の宿場町となり、ますます栄えた。東海道は一般的に五十三次と考えられているが、京街道を通って大坂高麗橋までとされ、守口が最終宿となったのである。

文禄堤の全長約27キロのうち約1キロが守口市中心

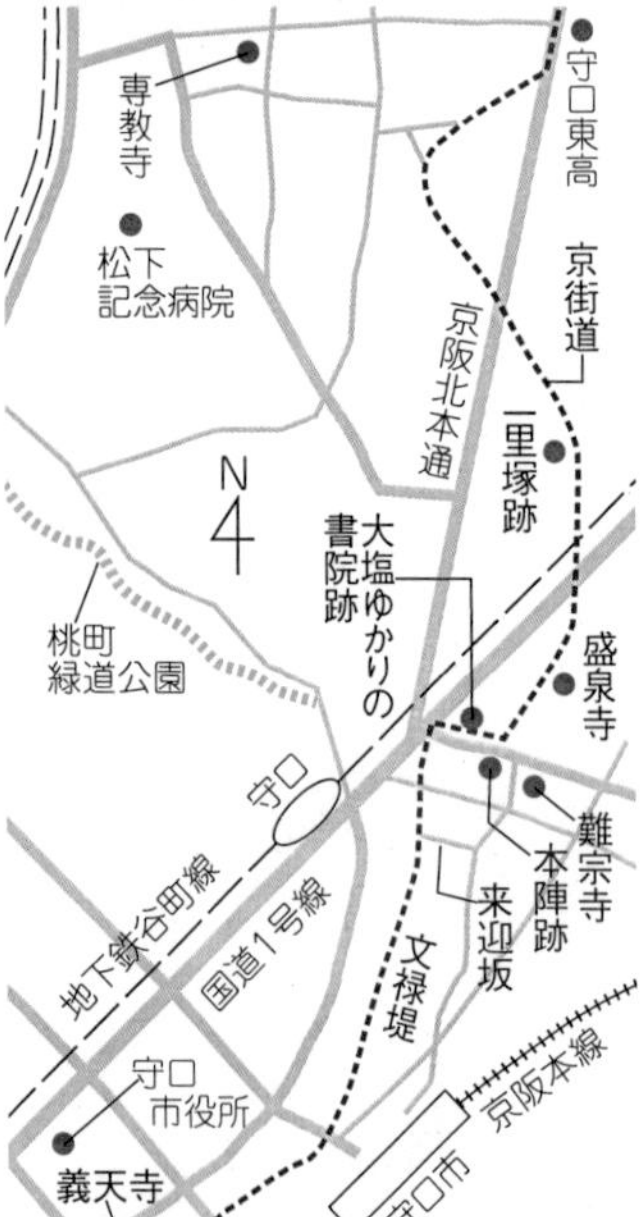

部に残されている。周囲より高い堤を歩くと、うだつ（庇の上に設けた防火用壁）の上がった古い商家も見られ、繁栄がしのばれる。堤が国道1号線と出合う下り坂の手前に細い石段がある。この来迎坂を下ると、難宗寺を経て奈良街道に通じる。難宗寺の西には本陣があった。

　八島交差点のドライブスルーハンバーガー店は大坂東町奉行所の元与力で陽明学者、大塩平八郎（1793〜1837）ゆかりの書院跡。大塩の有力門弟、白井孝右衛門の邸宅跡である。ここで大塩が近郷の農民らに講義したと伝えられている。大塩は天保の飢饉に無策の幕府などに反発して1837年、挙兵する。

　盛泉寺、一里塚跡を経て京阪北本通を渡り京街道と別れて、八雲神社に通じる「八雲の道」を進み専教寺へ。入り組んだ道、古い家並みなど、この辺りは旧村の趣きがある。

盛泉寺（じょうせんじ）　難宗寺の西御坊に対し東御坊と呼ばれている

京街道の一里塚跡　一里塚は徳川二代将軍、秀忠が五街道を整備したときに1里（約4km）ごとに盛り土をし、松や榎を植えて距離の目当てにしたもの。守口宿の北端「上の見付」でもあったこの場所には榎が植えられていたという

難宗寺（なんしゅうじ）　境内の大イチョウは府指定の天然記念物

専教寺（せんきょうじ）　前の細い道は八雲の道

大塩平八郎ゆかりの書院跡碑　守口の豪農、白井家の邸宅跡。白井孝右衛門は大塩の私塾「洗心洞」の門弟の中心的人物だった

〔古川《ふるかわ》沿い門真《かどま》市縦断〕

幣原《しではら》元首相のふるさと

門真市の京阪本線古川橋駅から地下鉄長堀鶴見緑地線門真南駅まで、古川沿いを川につかず離れずで南下する。戦争放棄の平和憲法草案の作成に貢献した幣原元首相の生誕地にも立ち寄り、農村の面影残るまちを歩く。

幣原兄弟顕彰碑 向かって右が喜重郎、左が兄の坦（たいら）

三島神社の薫蓋（くんがい）クス

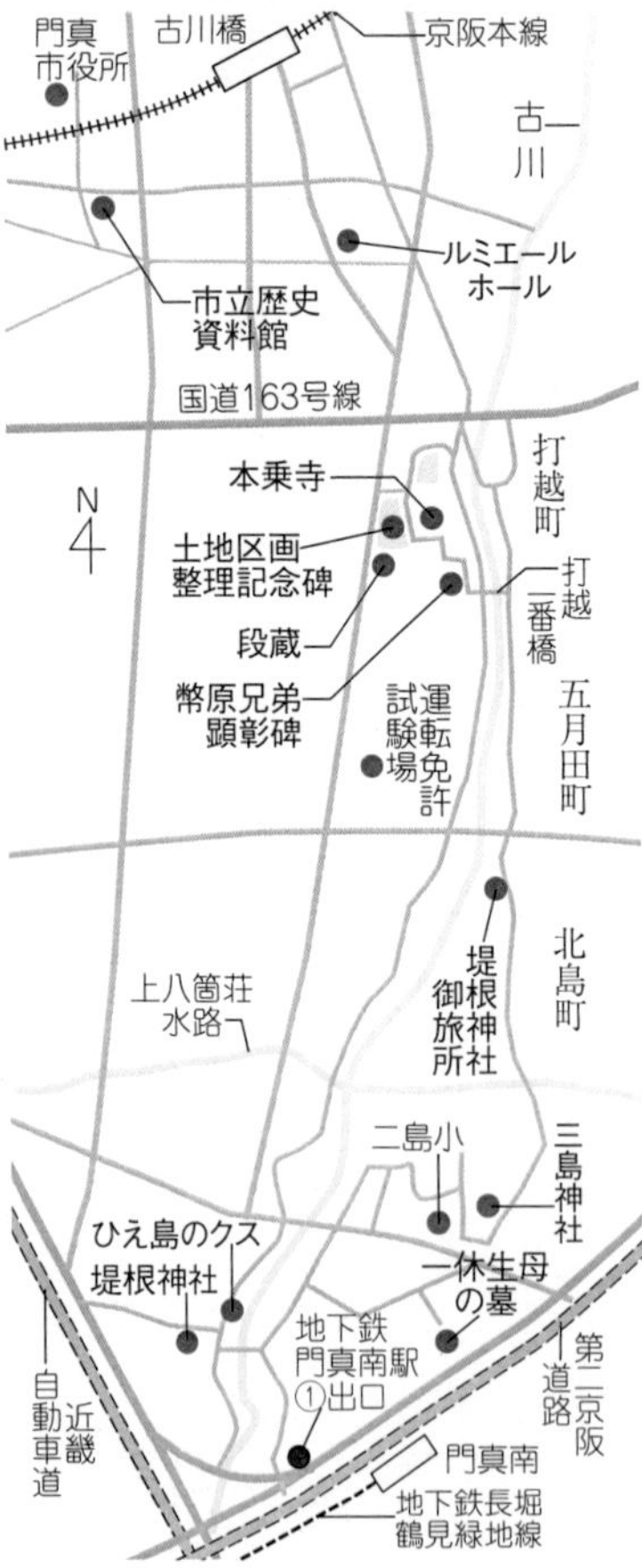

まずは古川橋駅西南の市立歴史資料館を見学。戦後、第44代総理大臣を務めた幣原喜重郎（しではら・きじゅうろう、1872～1951）が門真市出身であるため、幣原家について

ひえ島のクスと古川

農村の面影残る三島神社付近

門真市立歴史資料館　京阪門真市駅か古川橋駅から徒歩８分（柳町11-1）／９時30分～17時／月曜、祝日、年末年始休館／無料

一番町の段蔵

も詳しく常設展示している。

一番柳田町1号公園の土地区画整理事業竣工記念碑には、幣原元首相がここで生まれ平和憲法草案作成に貢献したことも刻まれている。その裏手に段蔵（段倉）が見える。段蔵とは水害から家財を守るために石垣を数段積み上げられた上に建てられた蔵。低湿地の地域によく見られる。

元庄屋で段蔵を持つ幣原家は天保期以降、門真有数の地主に成長した。少し南の幣原の生家跡に幣原兄弟二人の顕彰碑が立つ。碑文には「幣原坦博士の学徳は万世の師表　同喜重郎首相の経綸は永遠の平和」と刻まれている。

クスの巨樹

打越一番橋を渡り古川左岸の打越町、五月田町、北島町の住宅街を抜ける。上八箇荘水路を渡り、三ツ島1丁目を南下し三島神社へ。境内には樹齢1千年以上の薫蓋クスがそびえる。幹回り約13ｍの中は空洞だが樹勢は旺盛。国指定の天然記念物である。かつては周囲の人家や道路まで枝が覆いかぶさっていたという。根元の江戸後期の千草有文の歌碑は「村雨の雨やどりせし唐崎の松におとらぬ楠ぞこの楠」と刻む。

古川右岸のひえ島でもクスの巨樹（推定樹齢４００年）が見られる。

〔友呂岐《ともろぎ》緑地&萱島《かやしま》〕水辺の散歩道と住宅街

京阪本線寝屋川市駅前の寝屋川せせらぎ公園から友呂岐緑地を南下して、水辺の緑道を歩く。さらに萱島駅東の住宅街を散策して、川や水路とともに歩んできた地域の歴史に思いを馳せる。

寝屋川せせらぎ公園　寝屋川市駅西の親水施設。せせらぎ水路、遊歩道、沈下橋などからなる

三枚板舟（さんまいだぶね）寝屋川市駅近くの友呂岐緑地に展示。昔、農家が農業用水路で農具や稲を乗せて田と家を行き来した

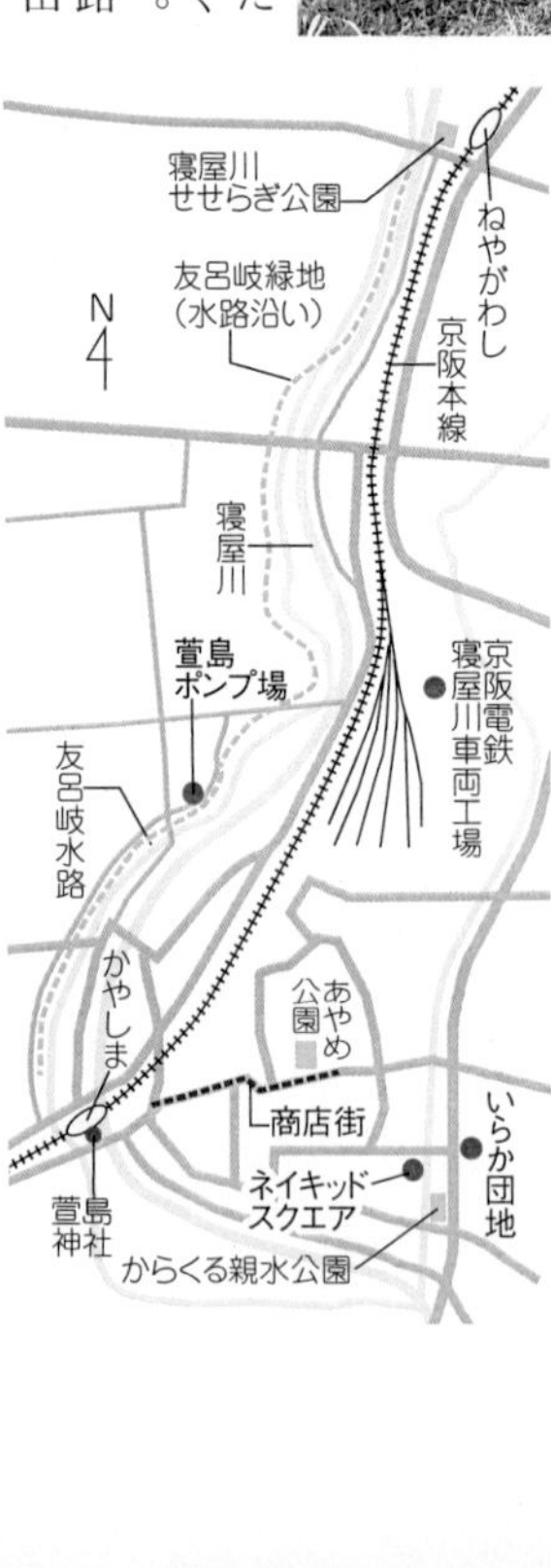

川と並行する水路

寝屋川市駅西側の広場に風力発電装置が銀色に輝いている。寝屋川せせらぎ公園のせせらぎの水は、この風力発電を利用したポンプで寝屋川からくみ上げ、木炭の水質浄化装置で浄化され流れている。

寝屋川の西側に並行する友呂岐水路沿いの緑道は友呂岐緑地。寝屋川市駅北の桜木町から寝屋川市駅前を経由して萱島駅まで約3・5キロ南北に貫く。二十箇用水路と友呂岐悪水路が並んで流れていたのを1970年に1本化し埋立てられた。埋め立てられた部分が73年に緑地とされた。

それにしても、なぜ2本

の水路が寝屋川と並行して造られたのか。

萱島では江戸時代に新田開発が始まるが、寝屋川は天井川なので、水を引いてくるにも排水するにも難しかった。そのため、排水路と、水を引く用水路の２本が造られた。この地域では他にも多くの水路が張りめぐらされ利用されていた。

友呂岐緑地は萱島駅までだが、その先の友呂岐水路沿いには桜並木が続く。

萱島一番商店街　あやめ公園の並びに銭湯「新町温泉」

萱島神社の大クス　高さ約20m、樹齢は推定約700年。寝屋川市の保存樹。根元の萱島神社は1980年夏に再興された

萱島新町家ネイキッドスクエア　2000年度の大阪都市景観建築賞特別賞

からくる親水公園　かつて手動の閘門「唐繰樋」が設置されていた

新旧の住宅街

萱島駅では、大クスがホームと屋根を突き抜けている。70年代の線路高架化の際、住民の要望を受けて保存されることになったためだ。とはいえ、思い切った方法である。

萱島駅周辺は戦後、農村から住宅街へと大きく変わり高度経済成長期、住宅が急増した。駅東の商店街と住宅密集地には昭和な雰囲気が漂っている。

対照的に、萱島東の一帯ではゆったりした新しい集合住宅が見られる。ネイキッドスクエアは中庭広場、水路を配したモダンな集合住宅だ。その東の府住宅供給公社のいらか団地も中庭があり、団地では珍しい瓦葺きになっている。

〔枚方《ひらかた》市駅〜枚方公園駅〕淀川中継港の宿場町

枚方は江戸時代、東海道（京街道）の宿場町だった。京と大坂の中間に位置し、淀川舟運の中継港でもあり、水陸交通の要所として賑わった。京阪枚方市駅から枚方公園駅まで旧街道沿いを歩いて繁栄の歴史に触れる。

市立枚方宿鍵屋資料館　枚方公園駅から徒歩５分／９時30分〜17時／休館は火曜（祝日開館し翌日休）、年末年始／大人200円、小中生100円

くらわんか舟の実物大レプリカ　鍵屋資料館に展示。「都名所図会」（１７８０年）の挿絵をもとに製作

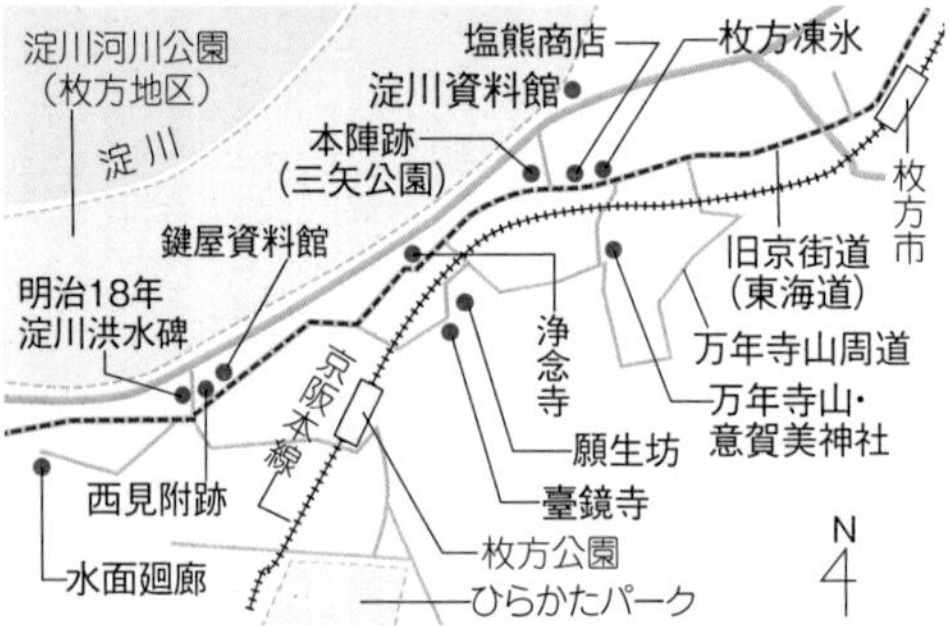

江戸幕府は東海道の延長部として大坂までの京街道に４つの宿駅を整備した。枚方は56番目の宿場町となる。街道沿いに残る立派な町屋が枚方宿の繁栄を感じさせる。

なかでも鍵屋は江戸期、大坂と伏見を結ぶ三十石船の乗客の船宿として賑わった。大正・昭和期も料亭として名を馳せるが、１９９７年閉店。１８１１年築の主屋は解体・復原され、１９２８年築の別棟とともに２００１年、市立資料館として開館した。

資料館は枚方宿の歴史を紹介し、三十石船の乗客相手に「くらわんか」と言って飲食物を売るくらわんか舟の実物大レプリカも展示。別棟２階の大広間に入ると淀川がすぐ傍に見える。表玄関が京街道に、裏口が淀川に面し、船の乗降に便利な宿屋だった。

淀川については淀川資料館が詳しく紹介。特に水害と改修の歴史が興味深い。堤防に立つ明治18年淀川洪水碑も1885年の豪雨での堤防決壊（伊加賀切れ）を伝える。大阪市中も浸水した大洪水だった。

風光明媚な丘

京街道沿いの浄念寺前に枚方寺内町の説明板がある。戦国時代、浄土真宗の順興寺建立を機に上之町を中心に寺内町が誕生したが、本願寺勢力の低下や枚方宿形成により衰退したという。

戦国時代に寺内町だった上之町は、万年寺山南の台地に位置する。

万年寺山は淀川や枚方のまちを見下ろす風光明美な丘として古来より注目された。青銅鏡や石棺が出土した万年寺山古墳でもある。淀川流域の水運を掌握した豪族が4世紀前半頃に葬られたと考えられている。

浄念寺　江戸期、東御坊の願生坊に対し、西御坊と呼ばれていた

鍵屋別館　鍵屋資料館のすぐそば。こだわりのカフェ、食料品、雑貨などのお店が集まる５階建てビル

街道沿いには町屋を利用したお店が点在する

万年寺山　豊臣秀吉が建てた御茶屋御殿の跡から淀川を望む。少し北の梅林辺りには、奈良時代に高句麗の僧、恵灌が草庵を営んだことから始まったと伝わる万年寺があったが、明治初期の神仏分離で廃寺となる

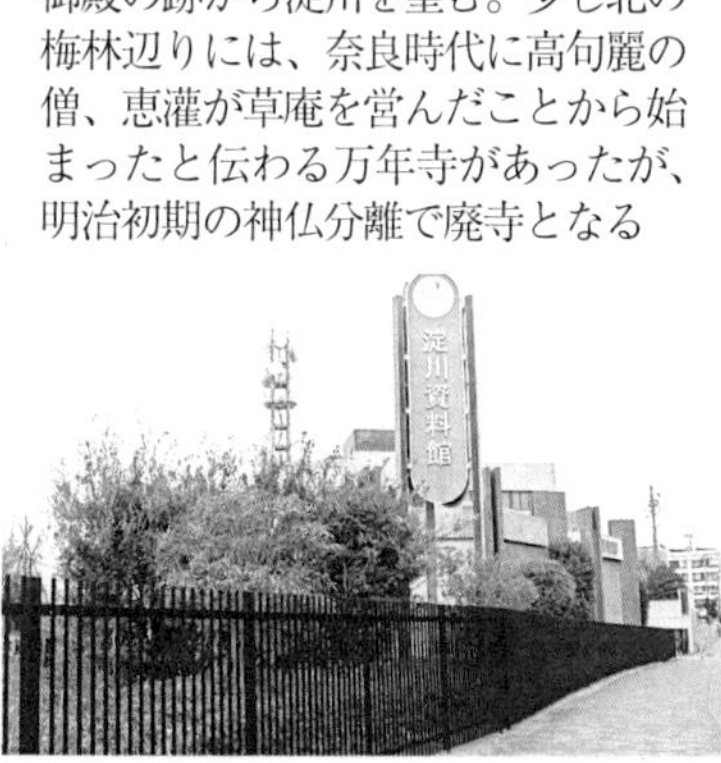

淀川資料館　京阪枚方市駅から徒歩７分／10～16時／第３土曜・第３日曜・祝日・年末年始休館／無料

〔宮之阪《みやのさか》〜御殿山《ごてんやま》〕平和ねがう禁野《きんや》の道

京阪交野（かたの）線宮之阪駅から京阪本線御殿山駅までの一帯は奈良後期〜平安前期、渡来人が暮らし、貴族が狩りを楽しんだ禁野（一般人の猟は禁じられた）。明治以後は一大火薬庫・兵器製造の町となった。

まずは宮之阪駅東の高台にある百済寺（くだらでら）跡公園へ。百済寺は朝鮮半島の百済国王の末裔・百済王（くだらのこにきし）氏が建立した氏寺。

百済が663年に滅んだため日本に亡命した百済王一族は天皇家との関係を深め、中央政界で活躍した。8世紀半ば、宮内卿の百済王敬福（きょうふく）が河内国の国司兼任により中宮に移住し百済寺を建立した。寺は11〜12世紀に焼失するが1941年、国史跡に、52年特別史跡に指定。

御殿山神社の北には9世

▲百済寺跡公園 伽藍配置を復元

中宮平和ロード 引込線沿いに1944年に設置された軍用電柱は当時としては稀な鉄筋コンクリート製

紀、惟喬（これたか）親王の別荘「渚の院」があった。

殉職記念碑　禁野保育所前に。禁野火薬庫大爆発の消火作業などにより殉職した消防関係者16人を慰霊するため1940年に建立された

陸軍枚方製造所の土塁跡　高くそびえる給水塔近くの中宮第3団地に

皇位争いに敗れた惟喬親王が在原業平らと度々訪れた。業平はここで「世の中にたえて桜なかりせば春の心はのどけからまし」と詠った。渚の院跡に歌碑がある。

渚本町　奥の高台は御殿山公園

大阪美術学校碑（左）と頌聴碑　美術センター中庭に。頌聴碑は大阪美術学校建設に協力した大阪の扇子商、岩澤金治氏を讃える。いずれも矢野橋村直筆

火薬庫が大爆発

明治期の1896年、軍の禁野火薬庫が誕生し、1933年には約43haの大火薬庫地帯になる。1938年、火薬庫の東に陸軍造兵廠枚方製造所が操業開始。

1939年3月1日、解体中の砲弾が爆発し大爆発を誘発。火薬庫はほぼ全焼し、100人近い死者、多数の負傷者を出し、821戸の家屋が全半壊。禁野火薬庫・枚方製造所は今、中宮団地や関西外国語大学に。今も残る火薬庫の土塁が戦争の生き証人となっている。

禁野火薬庫爆発から50年の1989年、枚方市は3月1日を平和の日に制定。91年には旧国鉄片町線（JR学研都市線）津田駅から枚方製造所への軍用鉄道引込線跡の一部を中宮平和ロードとして整備した。

大爆発では弾丸の破片が飛散し、御殿山の大阪美術学校（今の市立御殿山生涯学習美術センター）も半壊した。修復するが5年後、陸軍に接収される。校長は近代南画界の巨匠で、大阪の文化・芸術振興に心砕いた矢野橋村（1890〜1965）。今治出身の橋村は17歳で大阪砲兵工廠で働くも作業中の事故で左手切断。日本画家の道を選んだ。

〔御領《ごりょう》地区〕水郷のまち再生

ＪＲ学研都市線住道（すみのどう）駅から北西へ約1・5キロ、大東市の御領地区は大阪にもこんな所が残っているのかと驚く水郷の町。狭い範囲ではあるが、澄んだせせらぎと古い家並みに心なごむ。

御領せせらぎ水路　全長約300ｍ。住民らで結成された「御領せせらぎ水路保存会」が田舟の船乗り体験を実施している（４～９月の毎月第１・第３日曜日の10～12時、１回100円。天候により中止する場合あり）

御領の段倉　浸水を防ぐため石を積んで高く建てられた倉

住道駅北の商業施設「住道オペラパーク」を通過して北上。氷野の住宅街や氷野北野神社を抜けて、御領・おかみ神社へ向かう。

深野池西の豊かな農村

御領・おかみ神社は、江戸中期まで河内国の広範囲に存在した深野池の西の堤防だった場所だ。神社は今も周辺より少し高く標高2ｍほどある。

かつて御領の中心地で、

集落はここから西に広がっていった。

御領公園、御領みのり公園を経て御領地区へ。地区は標高約1・5mの低湿地。江戸時代、干拓して新田を開発するため水路（井路＝いじ）が縦横に張りめぐらされ、灌漑や水運に利用された。河内を代表する水郷地帯で、豊かな農業生産を支えてきた。

水路周辺は、かつて河内木綿で財を成した豪農の屋敷や土蔵が建ち並んでいる。水路は田舟の移動・運搬の手段としても活用されていた。1960年代まで稲作やレンコン栽培が盛んだったという。

辻本家住宅　江戸時代に御領村の庄屋をつとめた旧家。木造平屋建、鋼板葺（元は茅葺）の主屋は、江戸時代後期の1834年に建てられたもので2015年、大東市で初めて国登録有形文化財に指定された

御領・おかみ神社　かつて深野池の堤防上にあり御領村の中心地に

氷野北野神社の参道　元は深野池の堤防（御領・おかみ神社から続く）

田舟も復元し運航

だが、1970年代後半から工場進出や住宅開発により、水路は埋め立てられていく。わずかに残った水路の水質悪化が進んだため、地元住民と市が協議し再整備することになる。御領みのり公園の西に2008年から2年かけて全長約300mの「御領せせらぎ水路」が完成した。

せせらぎ水路の水源は寝屋川流域下水道鴻池水みらいセンターの処理水。水質は改善され、夏には透明な水面にスイレンが咲き、子どもらが遊ぶ。御領せせらぎ水路保存会が「田舟」と呼ばれる木造小舟を復元し、4～9月に毎月2回、体験乗船の運航を行っている。

御領地区のすぐ南と西は工業地帯、東と北は新しい住宅街だ。住民らの力によってかろうじて残った水郷のまちである。

四条畷《しじょうなわて》・忍ヶ丘《しのぶがおか》駅周辺
弥生・古墳遺跡の宝庫

ＪＲ学研都市線の四条畷駅と忍ケ丘駅周辺では弥生・古墳時代の遺跡が多く発見されている。四条畷駅から東高野街道を北上し忍ヶ丘駅まで、遺跡はほとんど見えないが、市立歴史民俗資料館や説明板などを頼りに、太古の情景を想像しながら歩く。

四條畷市立歴史民俗資料館　ＪＲ四条畷駅北へ徒歩10分／9時30分～17時／休館は月曜（祝休日の場合は翌日）、年末年始、展示準備期間／無料／建物は裁判所出張所として1907年に建設された蔵で、国の登録有形文化財。小さな資料館だが、さまざまなテーマの企画展で豊富な実物資料を展示

拠点的な雁屋集落

四条畷駅の西に楠の大樹がそびえる墓所は南北朝時代、四條畷の戦いで戦死した楠木正行（くすのきまさつら）の墓と伝わる（小楠公墓所）。１８７８年（明治11）に建てられた巨大な墓石の字は大久保利通のもの。歴史民俗資料館近くの墓所は正行のいとこ、和田賢秀の墓と伝わる。賢秀も四條畷の戦いで戦死した。

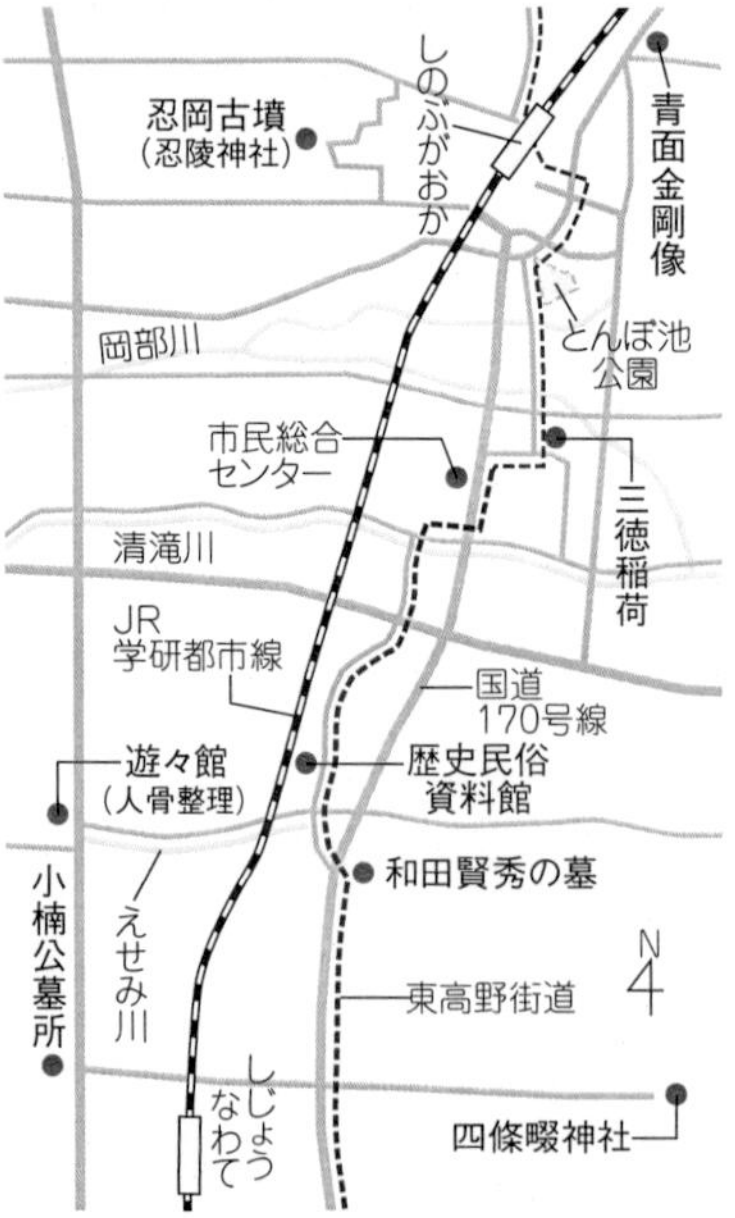

小楠公墓所の北側一帯は弥生前期~後期の雁屋（かりや）遺跡。歴史民俗資料館の展示によると、弥生時代全時期にわたる拠点集落は北河内地域では珍しいという。この地域が長期間、中心的役割を果たせた原動力は、西側に広がる河内潟の水運利用によるものと考えられている。

雁屋遺跡の調査では土器、炭化米、石器などの他に、檜の棺に納められた身長164cm、40歳ぐらいの男性の人骨や、11本の矢じりが胸の位置にあったコウヤマキ製木棺などが出土。ムラの居住地域と墓域を区切る溝も検出している。

小楠公墓所　伝楠木正行の墓。四條畷の戦いで戦死した正行一族を祀る四條畷神社と真っすぐな道でつながる。大楠は府指定の天然記念物

渡来系の馬飼の里

四條畷は縄文時代、河内湾に面した海辺の町だった。弥生時代には河内潟になり、古墳時代に河内湖となる。

古墳時代の中ごろには、朝鮮半島からモンゴル系の馬と飼育技術が伝わり、渡来人やその子孫が馬を育てていた。奈良井遺跡（市民総合センター）からは古墳時代中後期、大切な馬をいけにえとして神に捧げた馬まつりの跡が見つかり、土製人形、土製馬形、韓式土器などが出土している。忍ヶ丘駅周辺でも子馬形埴輪などが出土している。

忍ヶ丘駅西の高台にある忍陵（しのぶがおか）神社は忍岡（しのぶがおか）古墳でもある。3世紀末~4世紀初頭に築造された全長約87mの前方後円墳だ。本殿横の覆屋（おおいや）で竪穴式石室が見られる。碧玉製の腕輪や鉄製の刀剣類など豪華な副葬品も出土しており、被葬者はこの地域の有力者と考えられている。

忍岡古墳（忍陵神社）標高36m、河内平野を一望できる。大阪府指定史跡。覆屋の格子越しに竪穴式石室が見られる。1615年の大坂夏の陣では徳川秀忠が本陣を置く。勝利したので後に御勝山とも称された

〔倉《くら》治《じ》〕機織り渡来人のさと

倉治一帯は5～6世紀頃の古墳時代、機織りの技術を持った大陸渡来人が住み着いた地域。源氏の滝にも足をのばして歴史散策を楽しもう。

機物神社　参道脇にカシ、クスなどが茂る。常夜灯は江戸時代のもの。元は機織を業とする帰化漢民族の祖先を祀る宮だが平安時代になると天棚機比売大神（七夕姫）などが祭神となる。毎年7月6～7日に七夕祭りが開催される

源氏の滝　滝の高さ17.5m。交野山で修業した修験者が滝で身を清めた場所。「源氏滝の清涼」は交野八景の一つ

▲源氏の滝の前の大岩に不動明王像

JR学研都市線津田駅から教育文化会館をめざして府道736号線を南下する。機物（はたもの）神社の参道入り口の向かい、倉治6丁目の小道に入る。農村風の古い家並みが続く。

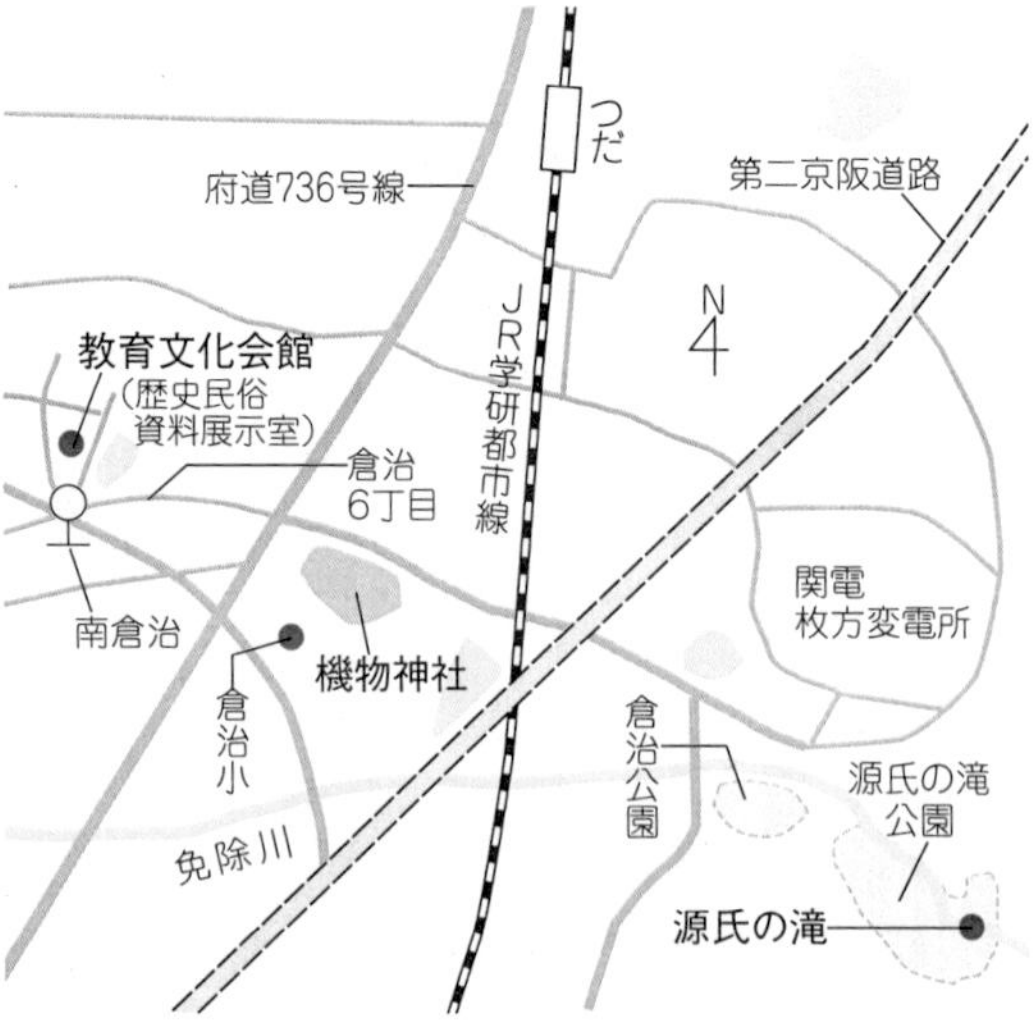

歴史民俗資料展示室（交野市立教育文化会館）　ＪＲ学研都市線津田駅から徒歩15分。または津田駅前から京阪バス交野市駅行で南倉治下車、徒歩１分／10～17時／水曜～日曜開室（祝日、年末年始、展示入替期間を除く）／無料

倉治６丁目の家並み　農村の趣き

源氏の滝公園

源氏の滝不動堂　源氏の滝の横の階段を上ったところに。不動明王が祀られている

小道を抜けると、西欧城郭風の教育文化会館が見えてくる。スクラッチタイルの外壁と屋上先端のパラペットが特徴だ。１９２９年、交野無尽金融株式会社の社屋として建てられ、１９４２年に交野町庁舎として寄贈された。１９７０年に交野市立教育文化会館となり、２００７年に国の登録有形文化財に指定される。

同館の歴史民俗資料展示室では、倉治の変電所付近で発見された６世紀後半の倉治古墳群の壺、鉄刀、勾玉などの出土品も展示。交野市は大陸渡来人によって開かれ、機織を専業とする一族が倉治で集落をつくり繁栄した。倉治古墳群も渡来系士族の特徴があり、秦氏の墓域と推測されている。

機物神社は渡来人の祖先が祀られていたが平安以降、七夕伝説の神社となる。

源氏の滝公園は住宅街から程近いが、山奥のような清々しい空気が漂う。免除川沿いに上流へ進むと昼間でも薄暗くなり、源氏の滝に至る。ここは交野山（こうのざん）の麓。交野山には鎌倉から室町時代にかけて、岩倉開元寺という寺があったという。一説では、「開元寺の滝」から「源氏の滝」と呼ばれるようになったといわれる。

河内小阪《かわちこさか》駅南
静寂の文化さんぽ

近鉄奈良線河内小阪駅の南の司馬遼太郎記念館やその周辺、長瀬川沿いを歩いて静寂の文化散歩を楽しむ。

司馬遼太郎文学碑　中小阪公園に「21世紀へ生きる君たちへ」の一節が刻まれている
▼司馬が使っていた書斎

平和を祈る乙女像　河内小阪駅前ロータリー

司馬遼太郎記念館　近鉄奈良線八戸ノ里駅から徒歩約8分、河内小阪駅から約12分／10～17時／休館は月曜（祝日、休日のとき翌日）、年末年始、資料整理期間（9/1～10）／大人500円、中高生300円、小学生200円

司馬遼太郎記念館

河内小阪駅前のロータリーに「平和を祈る乙女像」が立つ。駅の南側一帯は1945年8月6日未明、米軍B29機の空襲で123戸が全焼した。

駅前の商店街を抜けて、『街道をゆく』など数多くの人気作品をうんだ作家、司馬遼太郎（1923～1996年）の記念館をめざす。道標があるので迷うことはない。途中、中小阪公園には司馬遼太郎の文学碑がある。

記念館は、司馬氏の自宅と安藤忠雄氏設計のコンクリート建物からなる。雑木林の庭に包まれ、約2万冊の蔵書に囲まれて、静寂のひと時が過ごせる。司馬作品関連の企画展が約半年ごとにテーマを変えて行われている。

地蔵堂　中小阪3丁目。隣に木造の床屋　◀地蔵堂には端正な石造地蔵菩薩半跏像。府の有形文化財

楠徳館（帝国キネマ長瀬撮影所跡）　国の登録有形文化財

長瀬川　今も中河内地域の農業用水路。遊歩道には桜並木

記念館南には古いまち並みが広がる。「東大阪歴史の道」案内板に従って歩く。中小阪3丁目の地蔵堂には石造地蔵菩薩半跏像が鎮座する。鎌倉時代のすぐれた彫法で彫られ、木彫りのように見える。大和川の付け替え後の江戸時代、旧川底から掘り出されたという。

東洋のハリウッド

弥栄（いやさか）神社の境内に根上がりの樹木が数本ある。旧大和川支流の堤防上に生えていたのが、堤防の土が取り去られたため根が浮き上がったという。

西に進み、南北にのびる長瀬川の遊歩道を歩く。長瀬川は旧大和川の本流だった。1704年の大和川付け替え後は用水路となり、新田開発が進められた。

長瀬駅近くの楠徳（しょうとく）館は樟蔭（しょういん）学園の創立者、森平蔵氏の旧邸宅。帝国キネマ長瀬撮影所跡に1932年建てられたものだ。

長瀬撮影所は1928年に開設され「東洋のハリウッド」と呼ばれたが1930年、火災で全焼。撮影所は京都の太秦に移転した。

〔植松町《うえまつちょう》～本町《ほんまち》〕歴史と文化の小径散策

JR八尾駅から近鉄八尾駅まで、八尾市植松町の安中（やすなか）新田会所跡旧植田家住宅、今東光資料館、本町の常光寺（じょうこうじ）などを見て回る。

安中新田会所跡旧植田家住宅　JR大和路線八尾駅南出口から約3分／9～17時／火曜・祝日の翌日・年末年始休館（その他臨時休館あり）／一般250円、高大生120円、中学生以下無料

旧植田家住宅近くの植松観音堂

JR大和路線八尾駅近くの渋川神社を経て、安中新田会所跡旧植田家住宅へ。江戸期、1704年の大和川付替えの翌年、川あとで新田開発が始まる。その一つが安中新田で、1762年頃から植田家が代々、支配人を務める。

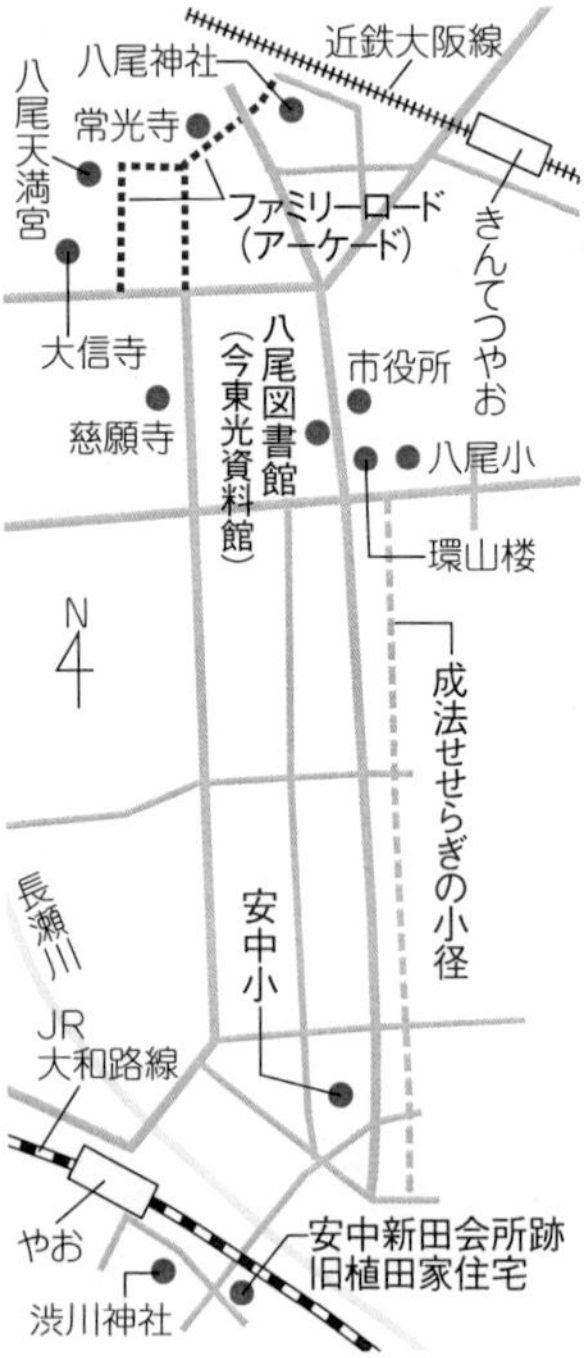

改修が幾度か行われているが、会所屋敷の敷地・建物を継承した歴史遺産として貴重で、国の登録有形文化財。植田家の民具、美術工芸品、書籍なども展示されている。この近辺も古い民家が軒を連ね、江戸期の集落を彷彿とさせる。

旧植田家そばのJRの踏切を渡り、安中小学校を経て「成法せせらぎの小径」に入る。子どもらがザリガニ採りに夢中になり、様々な草花が茂る楽しい小径だ。利用されなくなった水路を親水空間として整備されたもので、愛称はこの辺りに成法寺があったことに因む。

北上し八尾小学校交差点に出る。八尾小の正門横の環山楼（かんざんろう）は江戸中期、八尾寺内町の豪商、石田善右衛門利清が設けた私塾（水・土曜、3～11月の祝日の10～16時公開。12～2月は年末年始を除く土曜のみ公開）。

向かいの八尾図書館には２０１４年４月のオープン時、３階に今東光資料館が新設された。作家、今東光（こんとうこう１８９８～１９７７）は１９５１～75年の24年間八尾市に在住し「お吟さま」など河内を題材とした数々の作品を発表。多くが映画化された。

本町地区へ。江戸期、八尾寺内町だった。少し西の久宝寺寺内町から１６０６年、主導権争いで飛び出した住人が大信寺（八尾御坊）を中心に形成した。大信寺は鉄筋コンクリート造。むしろ大信寺の役寺だった慈願寺が典型的な真宗寺院の様式を今に伝える。

商店街を抜け常光寺へ。河内音頭発祥の地として知られる。本堂裏手の墓地には、１６１５年の大坂夏の陣で戦死した徳川方の藤堂家家臣の墓が並ぶ。八尾の合戦では藤堂高虎軍と長曽我部盛親軍が戦い、多くの戦死者が出たという。

今東光資料館　八尾市立八尾図書館３階／10～17時／月曜（祝日の場合開館）・年末年始休館／無料／生原稿、書籍、映画のポスターなどを展示

常光寺　毎年8月23・24日の夜、境内は地蔵盆踊りの河内音頭で華やぐ

◀慈願寺　現在の本堂は1814年の火災の後に再建されたもの。国の登録有形文化財

成法（せいほう）せせらぎの小径

〔心合寺山《しおんじやま》古墳&周辺〕中河内最大の古墳を体感

八尾市の高安山（たかやすやま）麓北部には楽音寺・大竹古墳群が広がる。なかでも国史跡・心合寺山古墳は、古墳時代中期の全長160mの中河内最大の前方後円墳だ。緑豊かな里の風景を楽しみながら古墳を体感する。

心合寺山古墳　近鉄信貴線服部川駅から徒歩約20分／9～17時／火曜（祝日の場合翌日）、祝日の翌日、年末年始休み／無料　**◆八尾市立しおんじやま古墳学習館**　観覧時間、休館日は古墳と同じ。臨時休館あり／一般240円、高大学生120円、中学生以下無料

心合寺山古墳の後円部に桐の大木が2本　4月後半～5月上旬に紫色の花を咲かせる

心合寺山古墳へは、近鉄大阪線河内山本駅で信貴（しぎ）線に乗り換え、服部川駅で下車し、北へ徒歩約20分。途上の歴史民俗資料館では、大和川流域と高安山に育まれた八尾の歴史と文化について常設展示し

ている。

　５世紀初めに造られた心合寺山古墳は中河内地域を治めた有力豪族の墓と考えられている。３段に積み上げられた墳丘、斜面の葺き石、各段の埴輪列、後円部の粘土槨、前方部の方形壇、くびれ部の造り出しなどが復元されている。歩道も整備され、古墳の形や大きさを体感できる。

　棺内部や副葬品、出土品、時代背景など、詳しくは古墳北西部に併設されているしおんじやま古墳学習館で学べる。数多く出土した埴輪の中でも造り出し部で発見された水の祭祀場を表した埴輪は全国唯一、完全な形のものだという。

　古墳の周濠だった西側の池は平安以降から灌漑に利用されたと見られる。現代も田畑に水を引く溜池として利用されている。

　近くの向山（むかいやま）古墳、愛宕塚（あたごづか）古墳も見学。愛宕塚古墳は古墳時代後期、６世紀後半の直径35ｍの円墳。棺を安置する玄室の広さは府内最大級だという。

　神立（こうだち）の集落を抜け、急な坂道を登ると、楠の巨木（府天然記念物）がそびえる玉祖（たまおや）神社。大阪平野を一望したら、花の栽培地域の小道を通り服部川駅へ戻る。

愛宕塚古墳　▲巨石を積み上げた横穴式石室の玄室は21.7㎡の広さ。中に入れるが、懐中電灯があるといい

玉祖神社の楠の巨木

神立の古い家並み

八尾市立歴史民俗資料館　近鉄信貴線服部川駅から徒歩約８分／９～17時／休館は火曜（祝日の場合翌日）、年末年始。臨時休館あり／一般220円、高校大学生110円、中学生以下無料。特別展は別料金

柏原市《かしわら》

〔高井田《たかいだ》～河内堅上《かわちかたがみ》〕史跡横穴＆奈良街道

ＪＲ大和路線高井田駅北の高井田横穴公園を一巡りし、大和川沿いの旧奈良街道をたどり河内堅上駅まで歩く。

総数２００基以上

高井田駅北の高台に広がる史跡高井田横穴公園は、総数２００基以上と推定される大規模な横穴群を整備したもので、国指定史跡。6世紀中頃～7世紀前半の有力氏族の墓地と見られる。

高井田横穴公園の遠景と大和川

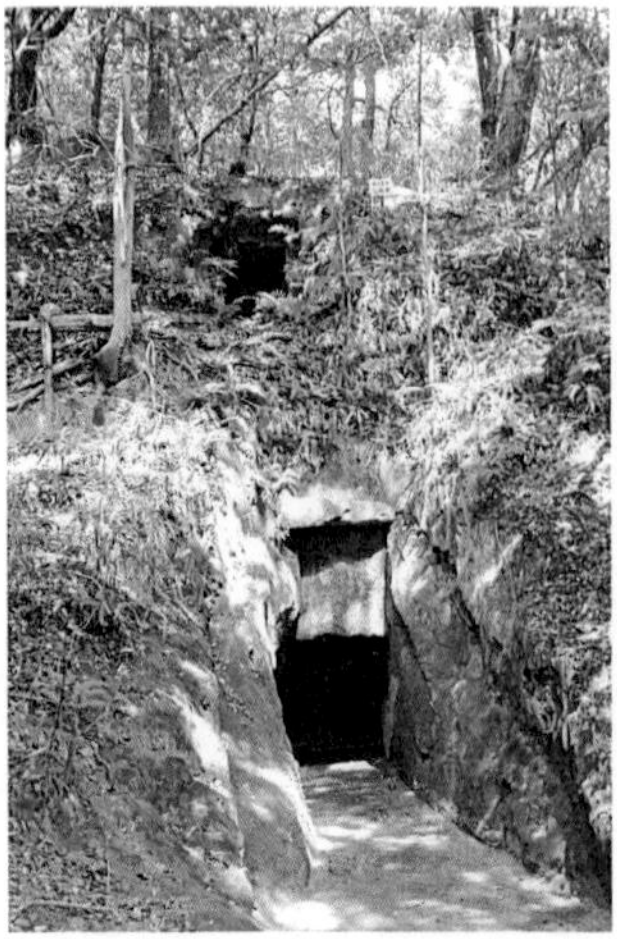

高井田横穴　公開横穴の見学は自由だが、内部見学は通常、事前申し込みした団体（５人以上）で可能。５月・10月の第３土曜の特別公開では内部見学もあり

横穴墓と線刻壁画のレプリカ　第３支群５号墳の横穴墓の壁面に描かれていた「ゴンドラの船に乗った人物」を復元展示。階段を上がって中をのぞくと実物が見られる

柏原市立歴史資料館　ＪＲ大和路線高井田駅から徒歩５分、近鉄大阪線河内国分駅から徒歩15分／９時30分～17時／休館は月曜（祝日の場合は開館）、年末年始／無料

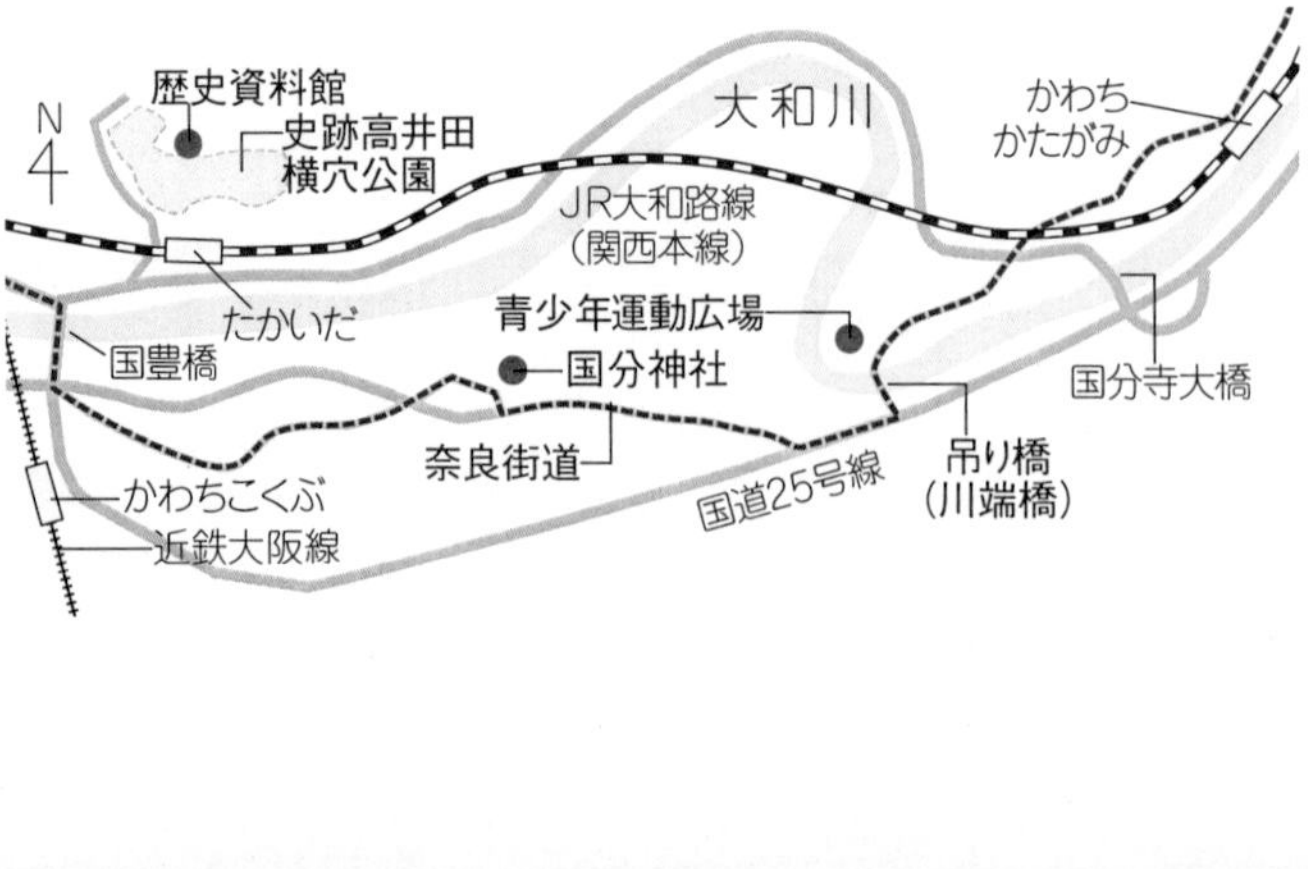

横穴は東北から九州まで全国各地にあるが、近畿では少なく、大阪では柏原市でしか見られないという。

　凝灰岩の岩盤に洞窟のような穴が掘られ、玄室には3体ほどの遺体が納められたと考えられている。壁や天井に線刻壁画が描かれたものもある。題材は人物、船、鳥、木の葉など。

　公園東の頂上では、横穴より100年程古い5世紀末頃の円墳、高井田山古墳が見学できる。透明なドームで覆われ、内部が見られるようになっている。出土した火熨斗（ひのし、古代のアイロン）、よろい、鏡、などの模造品が石室内に並べられている。

　公園に隣接する市立歴史資料館では横穴をはじめ、柏原市の歴史を常設展示しており見応えがある。

亀瀬越奈良街道

　史跡公園を一巡りしたら、国豊橋（くにとよばし）を渡り、大和川沿いの旧奈良街道を歩く。

　江戸期、大坂と奈良を結ぶ奈良街道はいくつかあり、柏原や国分を通るこのルートは亀瀬越（かめのせごえ）奈良街道、または龍田越奈良街道と呼ばれた。この辺りは奈良との境に位置する水陸交通の要所。街道筋には舟運商家や職人が店を構えていたという。

　国分神社を経て、国道25号線から工場横の吊り橋、川端橋を渡る。橋は江戸期、夏目茶屋の渡しがあった所。ここから奈良街道は大和川右岸を通る。

　JR大和路線を右手に見ながら、田園の中の小道を通って河内堅上駅へ進む。

亀瀬越奈良街道

右手にＪＲ大和路線を見ながら田園の小道を歩いて河内堅上駅へ

川端橋　大和川に架かる吊り橋。一度に15人以上渡ると危険なので「人員厳守」と表示されている。怖い人はこの先の国分寺大橋を渡るといい。江戸期、夏目茶屋と呼ばれた場所。亀瀬越奈良街道の渡し場で、茶屋があった

III 南河内・堺・泉州

22コース

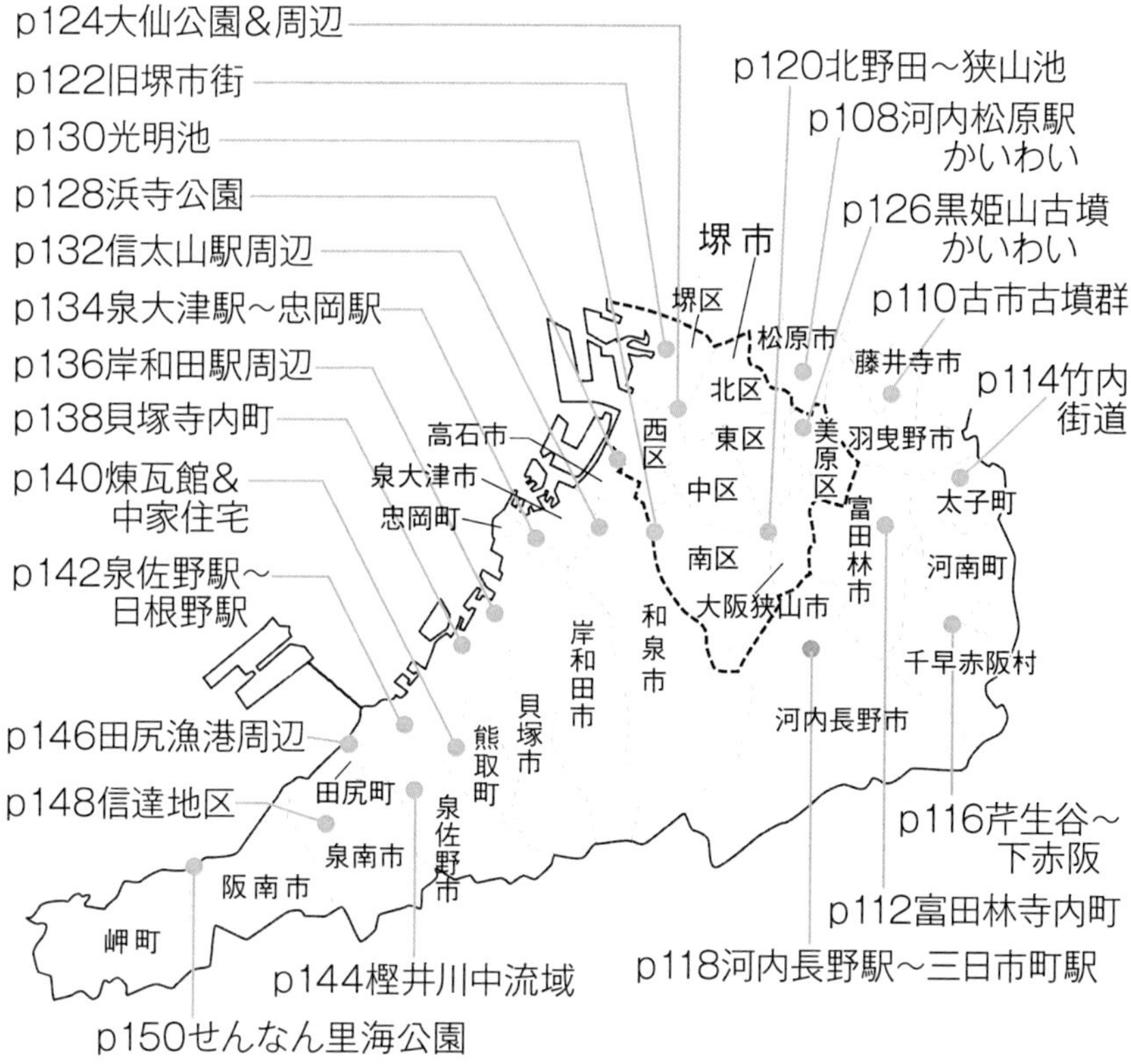

〔河内松原《かわちまつばら》駅かいわい〕

長尾《ながお》街道&中高野《なかこうや》街道れきし散策

松原市は、古代からいくつもの幹線道が行きかい、人の往来が盛んな交通の要所。近鉄南大阪線河内松原駅かいわいで、東西に走る長尾街道と、南北に縦断する中高野街道を歩く。

長尾街道　かつて街道沿いを流れていた今井戸川(暗渠化)をイメージしたモニュメントが歩道に設置されている

長尾街道のちちかみ橋道標　街道と今井戸川が交わるところに橋があった。角柱型道標は1910年に大阪府が建てたもの

河内松原駅南の中高野街道を南に進む。くねくねしていて旧道の趣きがある。中高野街道は平安時代から続く高野山への3本の参詣道の一つ。

新堂3丁目に、住吉街道と交差する地点の古い道標が立つ。松原市内の住吉街道は、長尾街道の高見の里と中高野街道の新堂を斜めに結ぶバイパス的な街道と考えられている。

浄光寺あたりで東に曲が

り、商店街を北上して鯉野池オアシス広場に立ち寄る。鯉野池は古来からの農業用ため池。オアシス広場が1999年に完成し、憩いの場になっている。

▶駅南の中高野街道

阿保神社本殿裏に樹齢1100年余の楠

柴籬神社　第18代反正天皇、菅原道真らを祀る。創建は古いが度々焼失し、現在の幣殿と拝殿は1624年頃に建てられたもの

◀鯉野池

ここから住宅街を北上して柴籬（しばがき）神社へ。神社の辺りは5世紀前半、反正天皇の柴籬宮があったと伝わる。だが、郷土資料館（柴籬神社北隣のふるさとぴあプラザ1階）によると、その証拠は見つかっていない。

駅北の中高野街道と長尾街道との交差点はかつて阿保茶屋（あおんちゃや）と呼ばれた。江戸期、茶屋が建ち並び賑わったと思われる。この辺りの長尾街道は今もメインストリートだ。

長尾街道は元々、堺と奈良・葛城の長尾神社を結ぶ道として7世紀頃に整備された「大津道（おおつみち）」と見られている。

駅北の中高野街道を北上して、海泉池（かいずみいけ）北の阿保（あお）神社へ。菅原道真を祀る。道真が大宰府への左遷の折り、この地で休息したと伝わる。本殿前には阿保親王住居址碑。阿保の地名は平安初期、阿保親王が居住したという伝承に因む。狭い境内にそびえるクスの巨木が見事だ。

阿保茶屋跡で、1906年建立の日露戦役記念碑（右）には松原村から出征した124人の名、1935年建立の忠魂碑には24人の戦死者の名が刻まれている

藤井寺《ふじいでら》市、羽曳野《はびきの》市

〔古市《ふるいち》古墳群〕

地域に溶け込む歴史遺産

藤井寺市と羽曳野市の古市古墳群が、堺市の百舌鳥（もず）古墳群とともに2019年、世界文化遺産に登録された。

津堂城山古墳と同古墳出土の竪穴式石槨の天井石（竜山石）と長持形石棺（レプリカ）

古市古墳群の古墳は東西・南北各4キロの範囲に4世紀後半～6世紀中ごろ築かれ、127基に及ぶ。地域に溶け込むように45基が現存する。

集中しているとはいえ、古墳と古墳の間は結構距離

復元修羅　実験考古学の試みで原型と同じように宮大工らが製作し、道明寺天満宮境内に展示
◀**復元登り窯**　同神社南面に

がある。主な古墳や展示が比較的まとまって見られるおすすめコースは、近鉄南大阪線藤井寺駅→津堂城山古墳→アイセルシュラホール→岡ミサンザイ（仲哀天皇陵）古墳→誉田山（こんだやま／応神天皇陵）古墳→古室山古墳→三ツ塚古墳→道明寺→道明寺天満宮→道明寺駅。

古室山古墳　後円部頂上から360度遠くまで見渡せる

津堂城山古墳は古市古墳群で最初、4世紀後半に築かれたと推定される前方後円墳。墳丘に二重の濠と堤をめぐらせており、内濠から水鳥形埴輪が出土。その実物がアイセルシュラホール（藤井寺市立生涯学習センター）2階の歴史展示ゾーン（9時30分～17時15分／休館は月曜、年末年始、月曜が祝日の場合その翌日／無料）に展示されている。

誉田山（伝応神天皇陵）古墳

墳丘の長さ425mで全国2番目の規模の誉田山古墳も、二重の濠と堤を持つ前方後円墳。古墳が最も巨大化する5世紀前半頃の築造と考えられている。

岡ミサンザイ（伝仲哀天皇陵）古墳
背景に二上山が見える

古墳造営の土師氏一族

古墳造営や埴輪制作には土師（はじ）氏が携わったという。道明寺一帯は土師氏一族のムラとなり「土師の里」と呼ばれた。

三ツ塚古墳では石材などを運ぶ木製ソリ＝修羅（しゅら）が出土し、埴輪を焼く登り窯が道明寺天満宮の南で発見された。道明寺天満宮は元々、土師氏の氏神として成立した土師神社と考えられている。

道明寺境内の多宝塔と英文石碑
第一次世界大戦が終わった1918年、藤沢友吉氏（藤沢薬品初代社長）が平和を願い多宝塔を建て、その趣旨を説明した英文石碑も1929年に建立

〔富田林寺内町《とんだばやしじないまち》〕

壮観な町並み府下随一

富田林市の寺内町は戦国時代、石川のほとりの段丘に庄屋株8人が一向宗の興正寺（こうしょうじ）を領主にして開発し誕生した。江戸～明治期の町家が多く残っており、府下唯一の国の重要伝統的建造物群保存地区である。

城之門（じょうのもん）筋　興正寺別院の鼓楼付近。日本の道100選に選ばれ路面の一部が石畳に。辻ごとに道を半間ずらす「あて曲げ」は見通しを妨げて町を守るためのもの

町家を利用したカフェや工房

近鉄長野線富田林駅前の観光案内所で観光地図をもらい市場筋を南下する。

石上露子のふるさと

本町公園に歌人、石上露子（いそのかみつゆこ、1882～1959）と作家、織田作之助（1913～47）の文学碑が立つ。作之助は晩年の一時期、富田林に居住した。露子の詩歌碑には代表作「小板橋」を刻む。日露戦争のさなか1904年に発表されたもので、不安と悲しみに満ちた詩は大正、昭和になっても人々に愛唱され続けたという。

寺内町南部の旧杉山家住宅が石上露子の生家だ。杉山家は16世紀半ば、寺内町

旧杉山家住宅　10～17時／月曜（祝日の場合翌日）・年末年始休み／16歳以上400円、15歳以下200円

本町公園に石上露子の「小板橋」詩歌碑（右）と織田作之助の文学碑

誕生に携わった「八人衆」筆頭の旧家だ。江戸中期には造り酒屋として財をなし、明治期には南河内一の大地主となる。四層屋根の邸宅は国の重要文化財で、内部も見学できる。土蔵には露子の書簡類なども展示。

杉山家の長女、露子（本名杉山タカ）は明治後期、歌人として活躍し、1904年には反戦歌「みいくさにこよひ誰が死ぬさびしみと髪ふく風の行方見まもる」を発表。与謝野晶子の「君死にたまふこと勿れ」発表の2ヵ月前のこと。旧家の跡取りとして重圧に苦しみながらも自我を貫いた生涯ではなかったか。

「町中くわへきせるひなわ火無用」と刻まれた道標　1751年のもの

展望広場横の山中田坂を下ると石川

幕府直轄地となり発展

寺内町は東西・南北、各約350mの区域に、南北6筋、東西7町に整然と区画されている。東高野街道などが通る交通の要衝で、周囲の石川流域では米、綿、菜種の栽培が盛んになる。江戸時代には幕府の直轄地となり、酒造や木綿商などの商業地として発展し、明治期にかけて繁栄。煙出しの付いた屋根、虫籠窓、白壁、格子戸などの町家が連なる壮観な町並みに隆盛の時代を見る。

寺内町の南端に江戸期、旅人に呼びかけた「町中くわへきせるひなわ火無用」と刻む道標が残る。大火なく古い建物群を残した寺内町の心得が示されている。

竹内《たけのうち》街道 シルクロードの終着地

二上山（にじょうさん）西麓、奈良県境に近い竹内街道を歩く。竹内街道は飛鳥の都に通じる官道として7世紀に誕生した日本最古の国道。大陸からの渡来人も往来した。沿道はシルクロードの東端・終着地として栄えた。

竹内街道　太子町山田

太子町立竹内街道歴史資料館
六枚橋バス停から徒歩約15分／9時30分～17時／休館は月曜（祝日の場合は開館）、年末年始／一般200円、高校大学生100円、小中学生50円／マジックビジョンやVTRなども使って街道の変遷を解説

国道166号線上の竹内街道　上ノ太子駅から南に向かう竹内街道はしばらくは国道166号線と重なる。古い家並みと二上山を眺めながら、国道とは思えないほどの細い道を行く

近鉄南大阪線上ノ太子駅から竹内街道を通って約3キロの竹内街道歴史資料館をめざす。妙見寺を経て六枚橋を渡り、山田に入ると街道沿いはひときわ趣深くなる。孝徳天皇陵そばの大道旧山本家住宅は、大和棟

の形をよく残した民家で、国の登録有形文化財だ。

　竹内街道歴史資料館が街道の歴史を詳しく解説する。


最古の官道として誕生する前は「石の道」だった。石器の材料、サヌカイトを採取するため二上山麓に行く道である。その道が613年、飛鳥の都に通じる官道となる（日本書紀）。大陸からの渡来人や遣隋使・遣唐使が行き交い、シルクロードの終着地として栄える。街道を通って大陸や朝鮮半島の文化がもたらされたのである。

　都の政治家らの墓に通じる葬送の道にもなったという。周辺一帯は聖徳太子、推古天皇、孝徳天皇、小野妹子らの墓があり「王陵の谷」と呼ばれる。

　街道は710年の平城京遷都後衰えるが、やがて太子信仰の道となる。江戸時代には西国巡礼や伊勢参り、山上参り（大峰山）などの人々で賑わい、多くの旅籠や茶店があったという。

　科長山叡福寺（しながさんえいふくじ）も訪ねたい。境内北の円墳は聖徳太子の墓と推定されている。寺は太子の墓を守護するため推古天皇が建立し、聖武天皇が伽藍を整備したと伝わる。

　帰りは、叡福寺前の太子前バス停から金剛バスで上ノ太子駅か喜志駅へ。

大道旧山本家住宅　開館は土・日曜、祝日（年末年始を除く）の10～16時（正午～13時は休憩）／18歳以上100円／入口に1767年の伊勢灯篭

王陵の門　太子町のシンボルモニュメント。町役場前

◀叡福寺の多宝塔と金堂
織田信長の兵火によって1574年全山が焼失するが、豊臣秀頼が1603年に聖霊殿を再建して後、順次再興。多宝塔は1652年に再建

西方院から叡福寺を望む

〔芹生谷《せりうだに》～下赤阪《しもあかさか》〕史跡の里の小道歩き

河南町芹生谷から千早赤阪村の下赤阪の棚田まで、史跡を巡りながら里の小道を歩く。

金山古墳　北丘は２段、南丘は３段に築かれ、周囲には掘。前方後円墳が造られなくなる６世紀末～７世紀初頭の双円墳

芹生谷の集落

奉建塔（楠木正成六百年祭記念塔）1935年11月着工、1940年５月竣工。高さは正成が戦死した43歳に因み43尺（約13m）で鉄筋コンクリート造

スイセンの丘　奉建塔の下の方に。１～２月頃、開花する

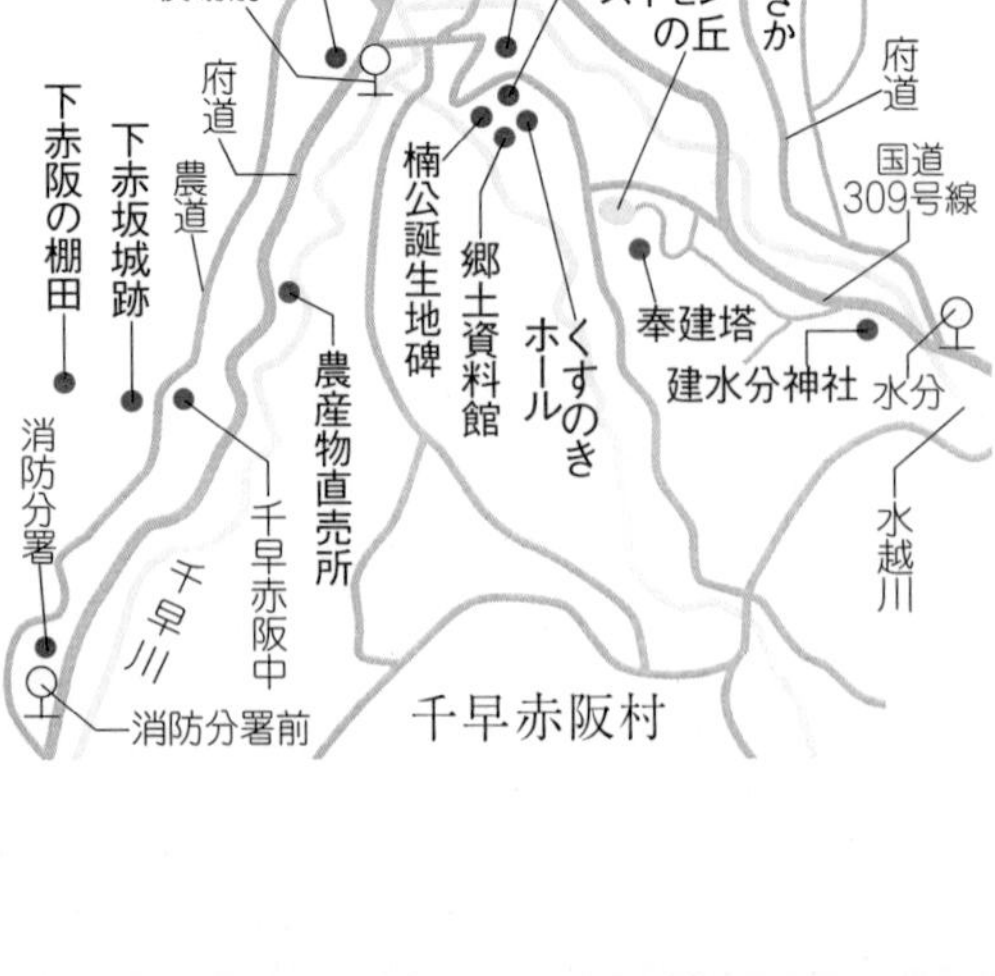

近鉄長野線富田林駅前から金剛バス白木線に乗り芹生谷で下車。3分ほど歩くと、河南町の金山（かなやま）古墳が出現。２つの円丘が連接した双円墳だ。全国的にも珍しい形で、国の

下赤阪の棚田　どの季節に眺めても美しい

下赤阪の棚田に向かう農道　二上山、葛城山、金剛山などが一望

史跡に指定されている。

古墳東の芹生谷の集落の小道を南下する。千早赤阪村に入っても古い民家の集落が続く。府道に合流し、国道309号線に入って少し行くと、建水分（たけみくまり）神社。金剛山の鎮守で楠木家の氏神である。

千早赤阪村は、鎌倉〜南北朝時代に天皇側に付いて幕府軍と戦った楠木正成の生誕地と伝わる。

神社横の小道を進み奉建塔（ほうけんとう）へ。正成没後600年に際し、徳島県の森下白石氏が全国の小学校児童らから集めた献金で建造。正成が旗印とした「非理法権天」が刻まれている。非は理に、理は法に、法は権に、権は天に勝たず、天道に従うべきという意味だという。昭和の戦争時代を想起させる塔だ。

郷土資料館で村の歴史を学び、道の駅ちはやあかさかへ。棚田カレーが名物のカフェや、村産農産物・食品の店があり、土日曜には石釜ピザの店も出る。

道の駅から下り、府道と並行する農道を歩いて下赤阪の棚田をめざす。農道の急坂を少し上ると田園が広がり、東側に二上山、葛城山、金剛山などが望める。下赤阪の棚田は農水省の「日本の棚田百選」に認定されている。周辺は正成が築いた下赤坂城跡（国史跡）だ。棚田から農道を南へ約10分下れば消防分署前バス停。金剛バスで富田林駅に戻る。

村立郷土資料館　役場前バス停から約10分／9〜17時／休館は月曜（祝休日の場合翌日）、年末年始／大人200円、小人100円

道の駅ちはやあかさか 9〜17時／8月の3日間と年末年始休

〔河内長野《かわちながの》駅～三日市町《みっかいちちょう》駅〕

高野《こうや》街道れきし探索

近鉄・南海河内長野駅から南海高野線三日市町駅まで高野街道を歩く。平安末期以来、京と高野山を結ぶ参詣道として刻まれた歴史が感じられる道だ。

吉年（よどし）邸のクスノキ　市の天然記念物。吉年氏は河内鋳物師の流れをくむ旧家。東西の高野街道がこの付近で合流することから、銅鐸と梵鐘をイメージした道標が2010年設置された

東西の高野街道の合流地点のモニュメント
長野商店街の前に。京から高野山までの高野街道の全経路を簡略化して図示。街道沿いの１里（４キロ）ごとの里道標石も表示

河内長野駅前のクスの巨木がそびえる吉年（よどし）邸の辺りが東西の高野街道の合流点。まさにここから高野山まで一路。長野神社を経て、「天野酒」がある酒蔵通りに出ると、一気に旧街道の雰囲気になる。

旧西條橋を渡り、しばらく行くと烏帽子形八幡（えぼしがたはちまん）神社。

三日市町の高野街道

旧三日市交番　土日曜、祝日（年末年始、秋祭り期間など除く）の10～16時開館／無料

背後の丘陵は中世の烏帽子形城跡だ。土塁や曲輪など山城の特徴をよく残していることなどから2012年、国史跡に指定された。

増福寺境内には高札場が復元されている。江戸幕府が法度や宿駅利用の規定を庶民に知らしめるため設置したもの。三日市宿の北の入り口に当たる所だったので置かれたようだ。三日市町は江戸期、旅籠が40軒あった宿場だった。三日市の賑わいは『西国三十三所名所図会』にも描かれている。

増福寺向かいには幕末～明治期に裁縫塾を開いた女性、畠山比左媼（はたやまひさおうな）の碑がある。

さらに街道を進むと、大正～昭和初期築の木造の旧三日市交番。修復されて、歴史と文化の情報発信拠点となっている。

天野酒　元々、天野山金剛寺で造られた僧坊酒だが秀吉ら戦国武将にも好まれた。1718年創醸の西條合資会社が1971年に復活。幕末～明治初期建築の同社旧店舗は国の登録有形文化財

三日市高札場　増福寺境内に復元。「賭博の類一切に禁制の事」の条文もある

長野神社本殿　室町末期建立。境内のカヤの古木は府天然記念物

▼烏帽子形八幡神社本殿　1480年建立。どちらも国の重要文化財

〔北野田《きたのだ》～狭山池《さやまいけ》〕

最古のダム式溜池《ためいけ》パワー

日本最古のダム式溜池、国史跡の狭山池をめざして、北野田から丘陵地帯を南下する。

狭山池の取水塔とデッキ（手前）

狭山池の堤　1400年間の歴史を積み重ねてきた土層を博物館に移築展示

府立狭山池博物館　南海高野線大阪狭山市駅から徒歩10分／10～17時／休館は月曜（祝休日のとき翌日）、年末年始／無料

堺市東区の南海高野線北野田駅東出口から線路沿いを南に行くと野田城址碑がある。一帯は野田庄の地頭、野田四郎正勝が１３２６年に築いた野田城跡である。四郎正勝父子は南北朝の動乱で楠木正成に従い戦死。野田村は１３６０年、足利の大軍に包囲され壊滅状態になったという。

城址碑横の踏切を渡り、

狭山副池オアシス　農業用ため池として利用しつつ、里山の自然回復のために園地が整備されている

堺市中区福田の西高野街道　随所に道標が設置されている

堺市東区草尾の伊勢道

道なりに進み旭照寺（きょくしょうじ）の所で趣のある伊勢道に入る。

伊勢道と西高野街道

伊勢道は和泉方面からの伊勢詣に使われた古道で、西高野街道と連絡している。堺市中区福田の西高野街道を南下し、福上公民館手前で左折。住宅街を抜けて国道３１０号線に出る。

初芝立命館中高校東の西除川（にしよけがわ）に架かる歩行者用の白い橋（聖アンデレ橋）を渡り、田園の小道を南へ。小道を抜けると狭山副池オアシス。

迫力の実物土木遺産

その南隣の狭山池は治水ダムだが公園として１周２８５０ｍの周遊路も整備されている。

池のほとりの狭山池博物館が狭山池の治水やかんがい、土木技術の歴史を詳しく紹介している。博物館へは１階に下り水庭を通って入館。２階片隅に大阪狭山市立郷土資料館、３階に喫茶コーナーもある。

狭山池は７世紀初めの飛鳥時代、南から流れる西除川をせき止めて造られたもの。７世紀の古代国家は中国や朝鮮から高度な土木技術を学んで溜池やかんがい用水路を盛んに造った。

さらに７３１年に行基、１２０２年に重源、１６０８年に片桐且元らにより改修が重ねられたことで堤が維持されてきた。同時に、池北の西除川流域にかんがいが広がり農地が拡大していった。博物館には約１４００年間に及ぶ堤の土層や、堤補強のための江戸期の木製枠工、昭和期の鉄筋コンクリート製取水塔など、狭山池の実物土木遺産も豊富に展示され見応えがある。

〔旧堺市《さかい》街〕

利休《りきゅう》と晶子《あきこ》を育てたまち

環濠で囲まれた旧堺市街は室町後期～江戸初期に貿易都市、自治都市として繁栄した。大坂夏の陣で全焼したが江戸期に復興。太平洋戦争時に米軍の空襲で壊滅し多くの名所旧跡が失われた。それでも見どころは多い。

さかい利晶（りしょう）の杜（もり）
晶子の生家「駿河屋」も実物大で再現／阪堺線宿院駅から徒歩1分、南海本線堺駅から徒歩10分／9～18時（茶の湯体験施設10～17時）／休館は第3火曜（祝日の場合翌日）、年末年始／大人300円、高校生200円、中学生以下100円（茶の湯体験などは別料金）

千利休屋敷跡の椿の井戸　井戸屋形は利休ゆかりの京都・大徳寺山門の古い部材で1977年に建てたもの

路面電車の阪堺電軌阪堺線宿院駅近くに千利休（せんのりきゅう）屋敷跡と与謝野（よさの）晶子生家跡がある。利休屋敷跡の向かいは、利休と晶子の記念館や観光案内展示室などからなる「さかい利晶の杜」。1階の千利休茶の湯館では堺の豪商魚屋（ととや）の長男として生まれ、茶の湯を完成させた利休（1522～1591）を通じて、中近世の堺の繁栄や自治の状況をいきいきと紹介。2階の与謝野晶子記念館では明治～昭和の激動時代に活躍した歌人、晶子（1878

〜1942）の生涯や表現世界、業績を伝える。晶子の詩歌碑がゆかりある覚応寺、本願寺別院、泉陽高校、開口神社などに。戦国武将、三好長慶が建立した南宗寺には、利休一門らの墓、利休好みの茶室や手水鉢などもある。

自治都市の繁栄を基盤に発展した刃物、線香、和晒、和菓子などの伝統産業は堺伝統産業会館で紹介。

昭和の戦跡も多い。堺駅前の戦災碑、神明神社の戦災狛犬、超善寺の追悼碑、臨江寺の無縁地蔵尊など。

南宗寺（なんしゅうじ）の甘露門　1647年建立。国の重要文化財

土居川　江戸幕府が掘った環濠跡。中世の自治都市堺の環濠はこれより一回り内側

堺伝統産業会館　阪堺線妙国寺前より徒歩約３分／10〜17時／年末年始休館／無料／名産品の展示・販売、実演見学など

堺市戦災殉難之地碑　南海本線堺駅前に1985年建立。1945年７月10日未明の空襲による死者は1860人、全焼戸数１万8009戸、罹災人口７万人にのぼる。特にこの一帯で最も多くの死傷者が出た。坂村真民の詩「念ずれば花ひらく」が刻まれている。空襲体験や平和の尊さを次世代に伝えるために毎年７月10日、碑前で追悼会が行われている

顕本寺の隆達碑　安土桃山〜江戸初期の同寺の僧侶、高三隆達（たかさぶりゅうたつ）は隆達節の創出者で近世小唄の祖といわれる。「君が代」の元唄と考えられる小唄の作者でもある。隆達筆の「君が世は千よにや千代にさゞれ石の岩ほとなりて…」という恋の唄が遊里図屏風に残されている

与謝野晶子詩碑「君死にたまふこと勿れ」　日露戦争で沸き立つ1904年９月に発表したこの反戦詩の副題は「旅順口包囲軍の中に在る弟を歎きて」。詩碑は1971年、府立泉陽高校創立70周年記念事業として同校中庭に建立。泉陽高校は元は晶子が学んだ堺高等女学校である

〔大仙《だいせん》公園&周辺〕百舌鳥《もず》古墳群めぐり

堺市の百舌鳥古墳群が2019年、古市古墳群（羽曳野市、藤井寺市）とともにユネスコの世界文化遺産に登録された。大仙公園とその周辺で、大山古墳など日本最大級の百舌鳥古墳群を見て回る。

大山（だいせん）古墳
世界三大墳墓の一つ

いたすけ古墳　５世紀前半の前方後円墳。濠に残る壊れた橋は古墳破壊危機の痕跡。この古墳から出土した衝角付冑型埴輪は堺市文化財保護のシンボルマークとなった。写真右はその埴輪モニュメント（堺市博物館前）

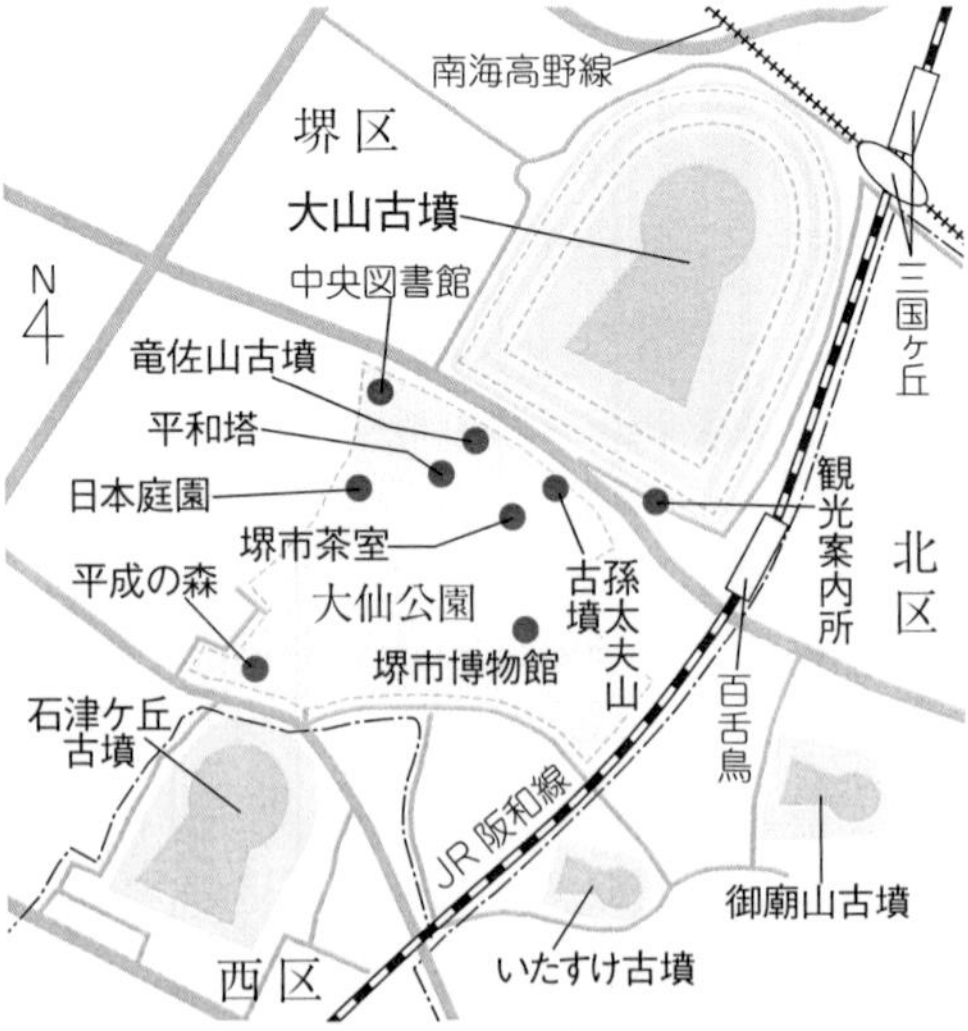

ＪＲ阪和線百舌鳥駅西の観光案内所で観光地図をもらい、日本最大の古墳へ向かう。堺市の説明板などには「仁徳天皇陵古墳」とあるが、実は被葬者は特定されていない。学術的には大山古墳、大仙稜古墳などと

日本庭園　大仙公園／9～17時（11～3月は16時30分まで）／休園は月曜（祝日の場合は翌日）、年末年始／大人200円、小中生100円
◆堺市博物館　大仙公園内／9時30分～17時15分／休館は月曜（祝日の場合開館）、年末年始／一般200円、高大生100円、小中生50円

石津ヶ丘古墳（履中天皇陵古墳）
　5世紀前半の前方後円墳。全国第3位の規模
▼御廟山（ごびょうやま）古墳
　5世紀前半の前方後円墳。江戸期、濠は農業用水に利用された

大仙公園の平和塔と大芝生広場

大山古墳周遊路西側中ほど

呼ばれ、教科書にもそう表記されている。

　大山古墳は5世紀中頃の前方後円墳。墳丘の全長486m、幅307m、濠は三重。大権力者の墓である。大仙公園内の孫太夫山古墳、竜佐山古墳などは大山古墳の陪塚（大古墳に付随する小古墳）だ。明治初期に大山古墳を調査したときの石室や甲冑の絵図が園内の堺市博物館に展示されている。

　堺市内には100基超の古墳があったが戦後、次々と破壊され、現存するのは44基。公園東のいたすけ古墳は1955年、宅地開発のため壊されかかったが市民らの運動により保存され翌年、国史跡に指定された。

　堺大空襲が戦後の宅地開発、ひいては古墳破壊をもたらしたとも言える。戦没者慰霊と平和の願いをこめた堺市平和塔が1971年、園内に建てられた。

　園内の築山林泉廻遊式の日本庭園も訪ねたい。渡来文化上陸の地としての歴史を踏まえ作庭されたという。

〔黒姫山《くろひめやま》古墳かいわい〕河内鋳物師《かわちいもじ》のさと

黒姫山古墳の周辺は中世、河内鋳物師と呼ばれた鋳造技術者集団の発祥地と考えられている。

黒姫山古墳　手前は石室・埴輪列の実物大復元模型

堺市立みはら歴史博物館
北側は美原ふる里公園／9時30分～17時15分／休館は月曜（祝日の場合は開館）、祝日の翌日（土・日曜、祝日の場合は開館）、年末年始／常設展200円、特別展500円（中学生以下・市内在住65歳以上・障害のある人無料）

◆**アクセス**　近鉄南大阪線河内松原駅から近鉄バス余部行き「大保」下車／南海高野線北野田駅から南海バスか近鉄バスの多治井循環バスで「黒姫山古墳前」下車／南海高野線初芝駅から南海バス美原区役所行き「下黒山西」下車

黒姫山古墳は古墳時代中期、5世紀中頃の築造と考えられている。全長114m、高さ11mの前方後円墳で国史跡。古墳から徒歩約5分のみはら歴史博物館に出土品が展示されている。

後円部からは埴輪、前方部からは甲冑、剣、鉾など多量の鉄製武器類が出土した。特に甲冑は24領にものぼり、これほどの出土量はほかにないという。石室は竪穴式で、川原石を積み重ね8枚の砂岩製天井石でふさがれていたという。

黒姫山古墳は百舌鳥（もず）古墳群と古市古墳群の

中間に位置し、甲冑の材料の鉄は朝鮮半島からのものと考えられていることから、被葬者は、この地域で強大な武力で勢力を持っていた丹比（たじひ）氏の首長と推察されている。

古墳から少し東にある丹比（たんび）神社は、丹比（丹治比）氏の祖神を祀る。

歴史の道　地蔵堂から南へ黒姫山古墳につづく古い集落の小道

鍋宮大明神碑　河内鋳物師らが鍋宮大明神を祭祀。明治初年に廃社となり、広国神社に合祀された。手前には「日本御鋳物師発祥地」碑

黒姫山古墳の天井石　広国（ひろくに）神社

丹比神社　丹治比氏の祖神を祀る。本殿裏の神木は樹齢1千年を超えるクス。境内北側入口に「縁結びの木」として親しまれている2本の大クスがそびえる

和同開珎の造幣所

みはら博物館では、河内鋳物師についても詳しく解説。河内鋳物師とは平安時代から室町時代にかけて、現在の美原区を含む河内国丹南郡を本拠地に、鍋・釜から梵鐘にいたるまで製造した鋳造技術者のこと。

その前史として奈良時代末、8世紀初の貨幣「和同開珎（わどうかいちん）」の鋳造がある。709年、河内に和同開珎の鋳銭司が設置され、多治比一族の多治比真人三宅麻呂が鋳銭司の長官に任ぜられた。その功績で受けた官位「大保（だいほ）」が近辺の地名として残っている。

以後、大保を中心に「大保千軒」と呼ばれるほど鋳物師が軒を並べ栄えた。1181年の平家の南都焼討ちで損傷した東大寺大仏の復元や、鎌倉大仏の鋳造にも携わるなど高い技術力で全国を股にかけ活躍。河内鋳物師らは次第に各地に分散定住するようになる。

〔浜寺公園《はまでら》〕高師《たかし》の浜の松林

浜寺公園は日本最古の公園の一つだ。園内に広がる松林は「名松百選」に選ばれている。

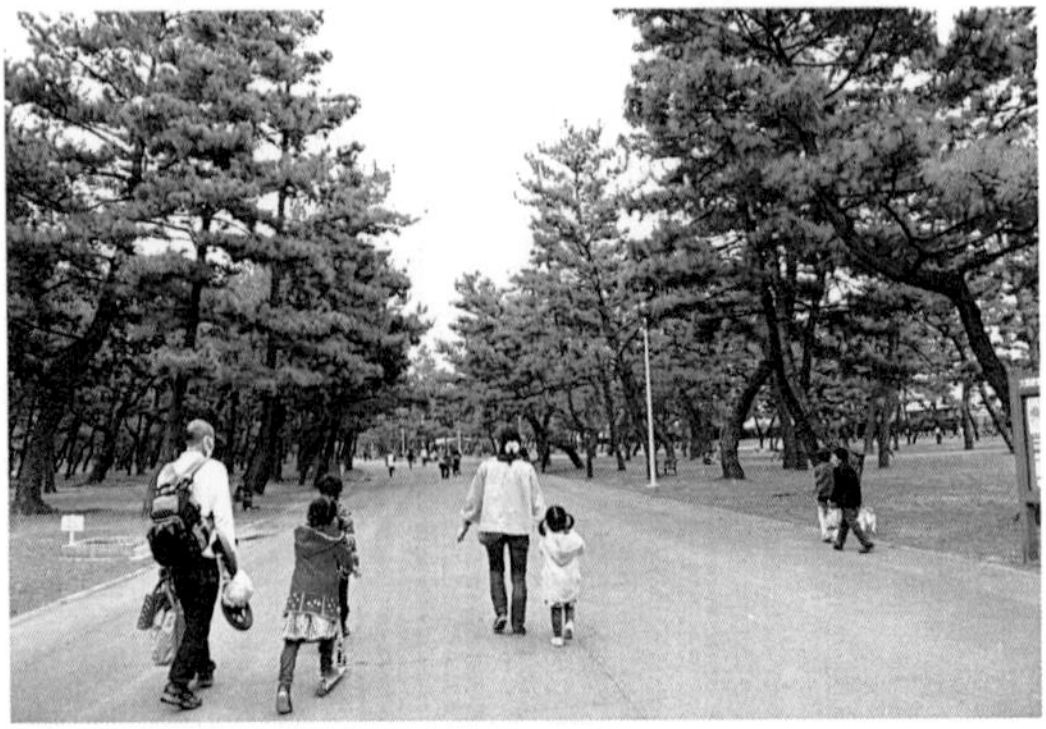

浜寺公園の松林　18世紀初頭に住民が防潮のために植えたのが原型と言われる。明治初め、堺県令（知事）が松林を伐採し開墾しようとしたが1873年、偶然訪れた大久保利通が嘆いたため中止し公園に

◀惜松碑　そのとき利通が詠った「音にきく高師の浜のはま松も世のあだ波はのがれざりけり」の歌碑が園の中央入口付近に

▼晶子歌碑「ふるさとの和泉の山をきはやかに浮けし海より朝風ぞ吹く」

浜寺公園はばら庭園、交通遊園、スポーツ施設などがある総合公園。印象的なのは大規模な松林。公園は1873年に誕生した。中央入口付近の惜松（せきしょう）碑にその経緯が刻まれている。伐採されかかった松林が大久保利通の「鶴の一声」で助かり公園になったという。

近くの与謝野晶子歌碑は晶子が1900年に鉄幹と出会う料亭「寿命館」があった場所である。

この一帯は万葉集に詠われた高師の浜。白砂青松の景勝地として明治期には別荘地となる。今は使われていない明治期の消火栓が園内に点在する。別荘を火災から守るために米国ロック社製のものが設置された。鉄道が敷設され1907

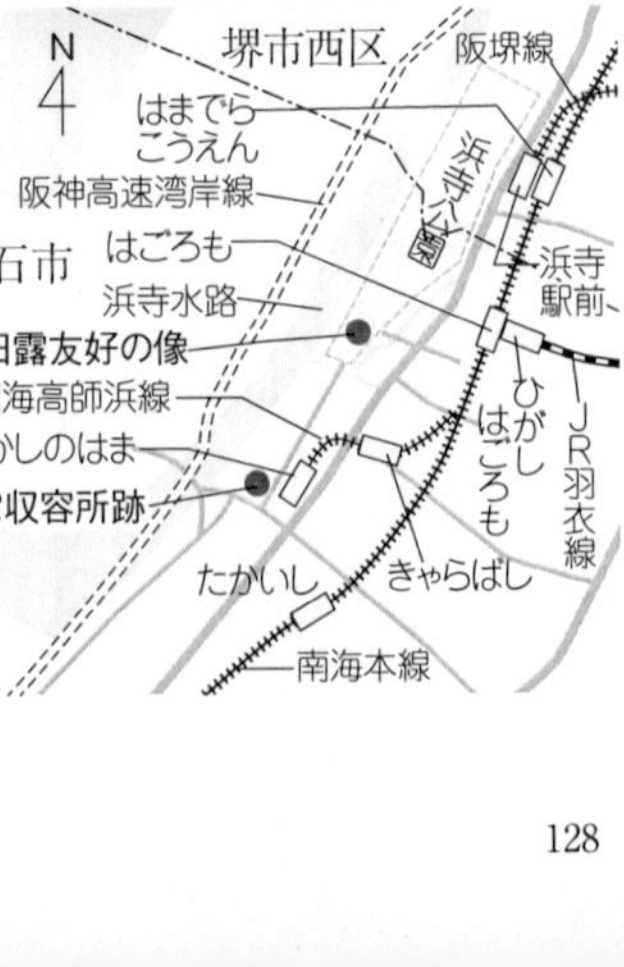

高師浜駅　ロシア兵捕虜収容所がこの周辺一帯にあった

日露友好之像　浜寺公園南端付近に日ロ両政府が2002年5月建立

浜寺公園駅舎　辰野金吾と片岡安の設計により1907年（明治40）竣工。南海本線の立体交差工事のため2017年、曳家工事で駅前広場に仮移設。カフェライブラリー、ギャラリーなどとして利用。高架駅が完成する2028年頃、元の位置に戻される予定

園内の交通遊園の子ども汽車

明治時代の消火栓

年の電化と複線化に合わせて日本最古の私鉄駅、南海本線浜寺公園駅も誕生した。国の登録有形文化財だ。東洋一と言われた浜寺海水浴場もできて賑わい、大正から昭和にかけて高師の浜一帯は高級住宅地となる。だが戦後、海岸は埋め立てられコンビナート地帯に。

ロシア兵俘虜収容所跡

日露戦争（1904～05年）時には、ロシア兵俘虜収容所が高師の浜の南部に設置された。全国26ヵ所のロシア兵俘虜収容所のうちの一つだ。浜寺公園には日露友好の像が立つ。

南海高師浜線高師浜駅前の「浜寺俘虜収容所跡」説明板によると、人口3500人の高石村に2万8千人規模の収容所が1905年1月～06年2月置かれた。この辺の整然とした通りは収容所の区画の名残りだという。当時の日本政府は国際法を守って捕虜を丁重に扱ったので、捕虜らは比較的自由な生活を送れた。

〔光明池《こうみょういけ》〕昭和初期誕生の人工池ぐるり

泉北高速鉄道光明池駅から南へ約1キロの光明池は「大阪みどりの百選」に選定されているオアシス。人工池誕生の歴史に思いを馳せながら池の周りを歩く。

光明池緑地　池の周囲は緑地公園

▲光明池　遊歩道が整備されている

光明池駅から高架の道を南に進み、鴨谷台南交差点のところで右折。城山台2丁の信号を渡ると緑の道が見える。光明池緑地だ。光明池の周りを完全に1周すれば約5キロだが、池南の光明池大橋を渡れば3キロぐらいになる。

池は灌漑用ため池として昭和初期に誕生した。今は飲料水としても利用されている。大阪府営事業として1931年に着工、1936年完成。干ばつに苦しめられていた泉北地域の農家にとって農業用水の確保は切実だった。だが当時は人力に頼る難工事。貯水量は約370万トンで農業用た

取水塔　光明池の昭和の大改修（1977～1985年）で新しく造りかえられた

雨乞蛙　主堤防東側の光明池改修の碑などの並びに。「水不足を克服しようと努力した先人の思いを忘れず、原点にかえる」の思いを込めて、光明池守護神社再建20周年の2003年に建立

光明池朝鮮人労働者慰霊碑　説明板によると石碑の右側面に「大林組武藤寅也」、石碑左の灯籠に北喜組の関係者名が刻まれている。工事を請け負った業者だ。年月とともに碑は忘れられ倒れていたのが1983年に再建された。2005年には光明池土地改良区が祠を修復した

池東側はつづらおりの緑の遊歩道

め池では府下最大。満水面積36haは府下3番目の大きさ。北側の主堤防は高さ26m、長さ350mに及ぶ。

主堤防のすぐ西に朝鮮人労働者慰霊碑が建立されている。和泉市人権啓発推進協議会多文化共生部会が06年に掲示した説明板によると、日本の植民地下にあった朝鮮半島からの300人近い朝鮮人が工事に従事し、ツルハシで山を削り、削った土砂をトロッコで堤防へ運ぶという危険な作業の中で十数人が犠牲となった。

取水塔近くに光明皇后と女鹿の像。池に水を引く源流は槙尾川の光明の滝。そこが奈良時代の光明皇后の生誕地という伝説に因んで池の名がつけられたという。

駐車場あたりで遊歩道が途切れているので、池を離れて一旦道路に出る。光明池車庫バス停のところで緑地に戻り、光明池大橋を渡る。緑に包まれた遊歩道を北に進み、駅に戻る。

光明池大橋　住宅・都市整備公団（現都市再生機構）が1985年に建設

〔信太山駅周辺《しのだやま》〕池上曽根遺跡《いけがみそね》と近現代戦跡

ＪＲ阪和線信太山駅の西に弥生時代の紀元前３世紀～紀元後３世紀、環濠集落が広がっていた。池上曽根遺跡である。駅東の丘陵地には明治時代以来、陸軍の演習場や駐屯地となり、現在も自衛隊駐屯地が存在する。

府立弥生文化博物館　池上曽根遺跡から出土したくり抜き井戸枠の複製品も展示／ＪＲ阪和線信太山駅下車西へ徒歩 600 m／９時 30 分～17 時／休館は月曜（休日の場合開館、翌火曜休館）、年末年始／常設展のみの期間一般 310 円、65 歳以上・高大生 210 円

池上曽根史跡公園　３・５ha。円形竪穴住居、大形掘立柱建物・くり抜き井戸（奥）など弥生集落の建物を復元

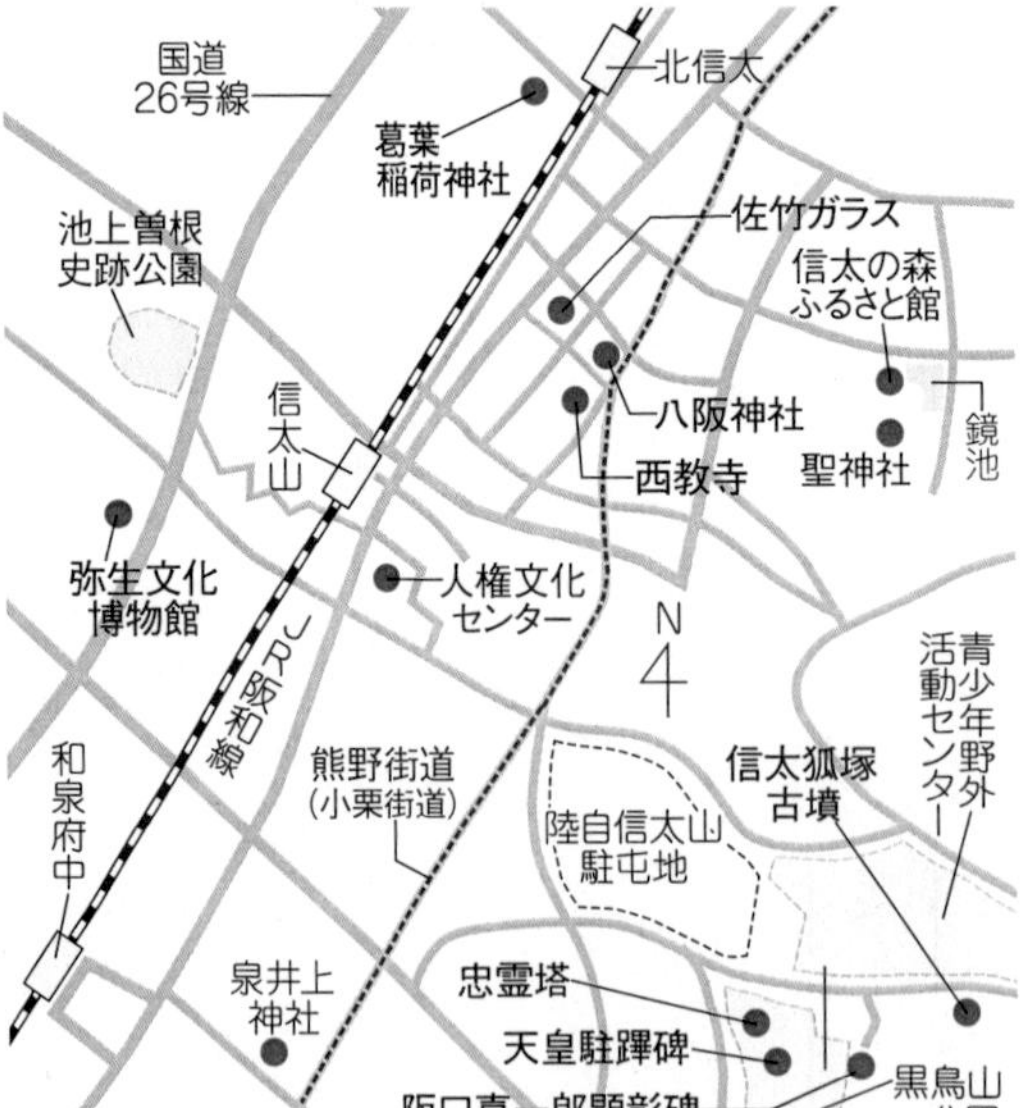

信太山駅から池上曽根遺跡までは古い住宅街の細い道を通るが、道標と茶色の舗装道をたどれば迷うことなく７分ほどで行ける。

池上曽根遺跡は和泉市池上町と泉大津市曽根町にかけて広がり全国最大級の60万㎡と推定されている。中心部の約11万㎡が

1976年に国の史跡に指定され、2001年に史跡公園が開園。公園南の弥生文化博物館は池上曽根遺跡のみならず、弥生文化全般を対象とする全国唯一の博物館。工夫を凝らした展示で弥生時代の暮らしをいきいきと伝えている。

信太山駅から南に約200mの人権文化センター1階の人権資料室では地域の近現代を含む歴史、文化、地場産業などを紹介。丘陵一帯が旧陸軍用地として拡大されたことも伝えている。

自衛隊信太山駐屯地の南隣の黒鳥山公園はかつての陸軍墓地。戦争を命令した人、戦争に駆り出され亡くなった人、戦争に反対した人という戦争に関わる3様の碑をここで見る。天皇駐蹕（ちゅうひつ）碑、忠霊塔、そしてここ黒鳥町出身の反戦兵士・阪口喜一郎顕彰碑である。

葛葉稲荷神社、信太の森の鏡池などは、浄瑠璃や歌舞伎で知られる「葛の葉伝説」ゆかりの場所である。

佐竹ガラス 1927年設立。今や日本唯一の色硝子棒生産工場。地場産業の硝子細工、人造真珠製造業を支えてきた。工場施設は昭和初期築。1941年に再建された木造二階建て主屋は国の登録有形文化財

葛葉稲荷（くずのはいなり）神社の「姿見の井戸」「葛の葉伝説」で白狐が葛の葉に身を変えた際、姿を映して確認した井戸。葛の葉が無事に森に帰りついたことから出征兵士やその家族らが無事を祈り詣でたという

阪口喜一郎顕彰碑「不屈の反戦兵士」と刻む。1932年2月、呉軍港で阪口ら反戦水兵が「中国出兵反対・水兵の待遇改善」などを訴える『聳ゆるマスト』を創刊し6号まで発行。治安維持法違反容疑で逮捕され、1933年12月27日未決囚として31歳で獄死した

忠霊塔 1942年4月信太山陸軍墓地と忠霊塔が完成。1564柱が奉られている

▶天皇駐蹕碑 1898年11月16日第4回陸軍特別大演習が実施され、明治天皇が黒鳥山に来て統監

〔泉大津《いずみおおつ》駅〜忠岡《ただおか》駅〕

繊維のまち歴史探索

繊維のまちとして発展してきた歴史を訪ねて南海本線泉大津駅から忠岡駅まで歩く。

旧織物工場　春日町に今も残るのこぎり屋根

緬羊ブロンズ像　泉大津駅西広場に1952年建立

泉大津の浜街道▶

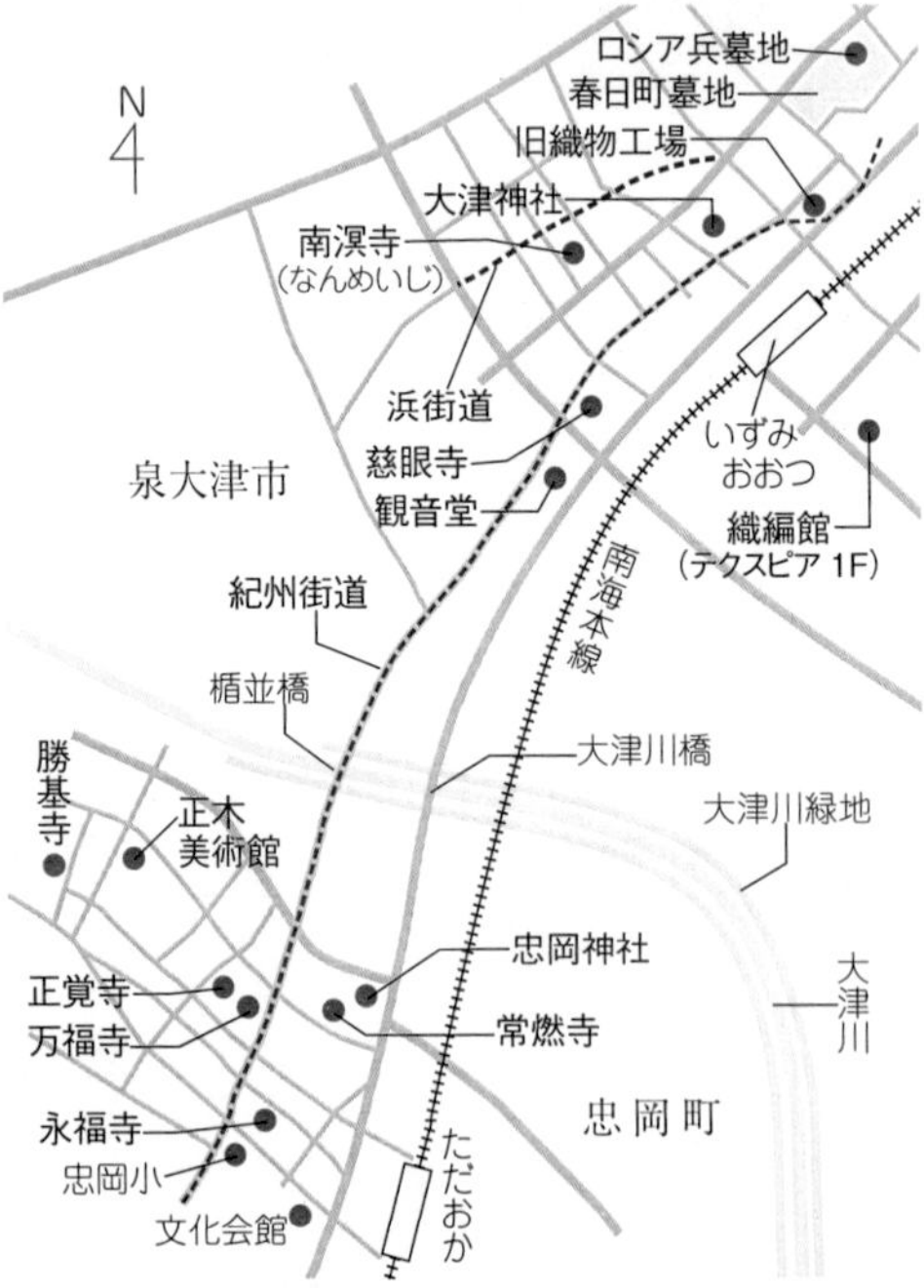

泉大津駅前のテクスピア1階にある織編館（おりあむかん／10〜17時／水曜休館／無料）で毛布が泉大津の地場産業になった歴史を知る。江戸時代から真田紐など綿織物業が発展していたが、幕末以来、輸入繊維の増加で衰退し、明治期、毛布製造へと乗り出す。日露戦争期、毛布は軍用に大量に買い上げられたた

ロシア兵墓地　泉大津市の春日町墓地。住民が提供した600㎡に日露戦争時のロシア兵捕虜の墓石が89基並ぶ

萬福寺　忠岡町最古の木造建築といわれる太鼓門は1806年建立。本堂は1844年築で2011年に大修復

路地や古い民家が多い忠岡町

大津川と楯並橋　紀州街道と重なる橋の欄干には参勤交代のモチーフ

正木美術館　南海本線忠岡駅から徒歩15分／春季展と秋季展に開館／一般700円、高大生500円、小中生300円

め泉大津の毛布産業は好況にわく。戦後の高度経済成長期には国内シェアの9割以上を占めた。のこぎり屋根の工場や浜街道などの家並みに繁栄の面影を見る。

日露戦争と言えば、春日町墓地にロシア兵墓地がある。北隣の高石村（高石市）の捕虜収容所に収容されたロシア兵のうち病気などで亡くなった89人がここに埋葬された。墓碑の一つ一つに名前、所属、死没日などが刻まれている。

紀州街道を南下し、大津川に架かる楯並橋（たてなみばし）を渡れば忠岡町。広さ約4平方キロ、日本一小さな自治体だ。幾度もの市町村合併の波にものまれず１８８９年以来、町域は変更されていない。

古くから漁業、繊維工業のまちとして発展し、文化を育む。忠岡神社には、堺大浜や大津川を詠んだ高浜親子の句碑がある。親子三代句碑は貴重だという。正木（まさき）美術館は地元の実業家、故正木孝之氏が１９６８年に創設。中国・日本の水墨画、墨蹟など国宝3件、重要文化財12件など約１３００点を収蔵する。

古刹も点在。紀州街道沿いの萬福寺は７３１年創建、１４７９年に本願寺蓮如上人に帰依して以来の浄土真宗の寺。勝基寺（しょうきじ）は室町時代に勝基上人が再建した浄土宗の寺だ。

〔岸和田《きしわだ》駅周辺〕

だんじり祭の城下町

南海本線岸和田駅周辺は毎年9月、だんじり祭で華やぐ。江戸時代に紀州街道沿いの城下町として、大正・昭和期には紡績業の街として、庶民が受け継いできただんじり祭とともに発展してきたまちだ。

駅前通商店街から寺町筋、かじやまちなどの路地を経て紀州街道へ。紀州街道は大坂と紀州を結ぶ海沿岸部の街道として、江戸時代の1602年頃に成立した。

江戸中期、1703年に始まっただんじり祭についてはだんじり会館が紹介。本通り商店街から紀州街道への曲がり角、堺口門跡のカギ型道はだんじり祭のや

岸和田城と庭園（八陣の庭）　城は別名、千亀利（ちきり）城、庭園は重森三玲が1953年設計・作庭、国指定名勝／10～17時（入場16時まで）／休場は月曜（祝休日、及び4月の城まつり期間開場）、年末年始、展示替期間／大人300円（きしわだ自然資料館、だんじり会館と3館共通700円）、中学生以下無料

紀州街道のまちなみ
本町の円城寺前

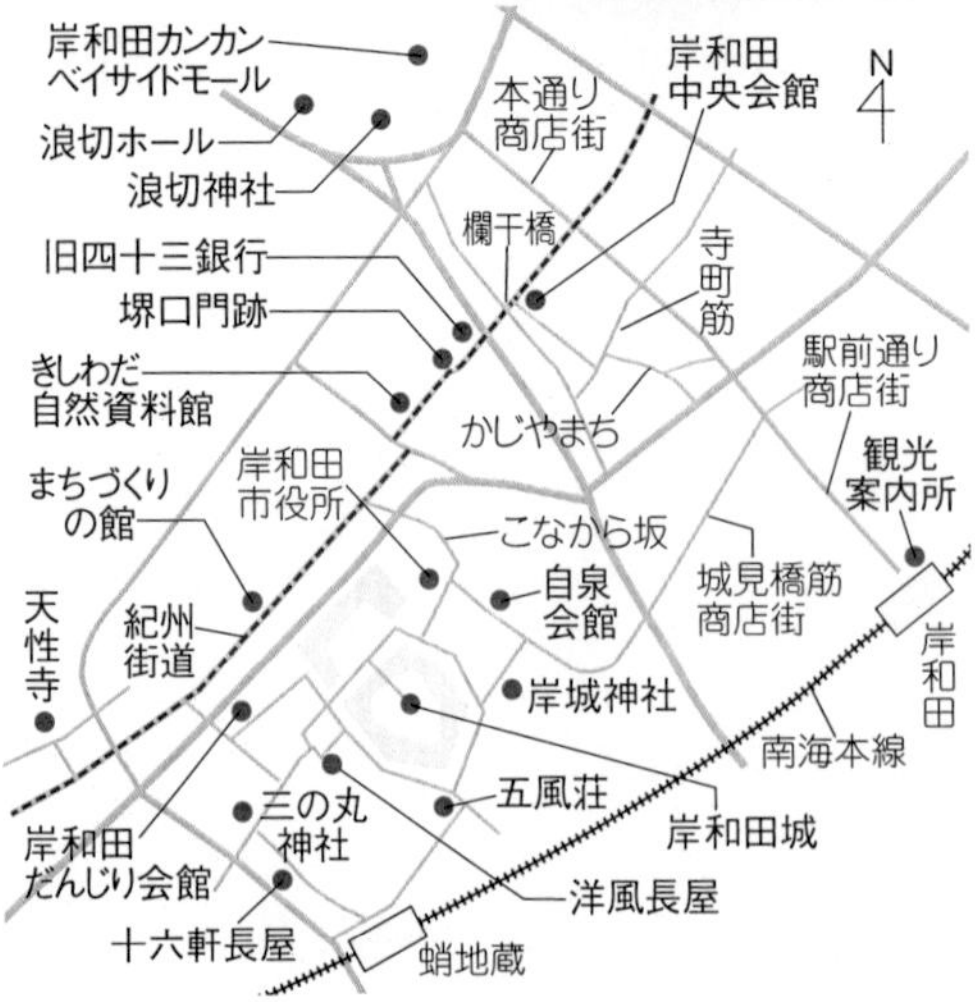

りまわしの難所。市役所横のこなから坂は岸城神社への宮入直前の見せ場だ。紀州街道では、本町などの古い家並みとともに、岸和田中央会館、旧四十三銀行などレトロな近代建築物が目を引く。自然資料館は昭和初期の旧寺田銀行の外観をモチーフにしている。

岸和田城周辺の自泉会館、五風荘も旧寺田財閥が建てたものだ。武家屋敷のまち並み、大正期の洋風長屋、和風長屋（十六軒長屋）も見逃せない。

岸和田城は戦国時代、松浦氏の居城だったが、豊臣秀吉が紀州の根来寺・雑賀衆攻めの拠点とする。根来寺壊滅後１５９７年、秀吉の叔父、小出秀政が城を整備。１６４０年以後、岡部氏が城主となり明治維新まで統治した。天守閣は１８２７年、落雷で焼失し戦後の１９５４年に再建された。

岸和田だんじり会館　４階にだんじり体験コーナーがある。２階の大型マルチビジョンでも大迫力のだんじり祭を堪能でき、傑作だんじりも展示／南海本線蛸地蔵駅から徒歩７分／10～17時（入館16時まで）／休館は月曜（祝休日は開館）、年末年始／大人600円、小中学生300円

堺口門跡のカギ型道

マンサード長屋　大正時代の洋風集合住宅。屋根が腰折れ式

きしわだ自然資料館　２階に岸和田の自然について、３階には驚きの蒿原コレクションの動物剥製を展示／南海本線岸和田駅から徒歩15分／10～17時（入館16時まで）／休館は月曜（祝休日は開館）、祝休日の翌日（土・日曜、祝日は開館）、だんじり祭日、年末年始、展示替期間／大人200円、中学生以下無料

蛸地蔵天性寺（たこじぞうてんしょうじ）1570年建立。地蔵堂としては日本最大級。戦国時代、根来寺・雑賀衆に攻められ落城の危機にあった岸和田城を地蔵菩薩の化身の法師が救ったと伝承され、地蔵菩薩は寺の本尊となる

〔貝塚寺内町《かいづかじないまち》〕歴史のまち並みめぐり道

南海本線貝塚駅の海側の市街地は、戦国～江戸時代に願泉寺（がんせんじ）を中心に発展した寺内町（南北約８００ｍ、東西約５００ｍ）。古い民家や小道など、寺内町の面影が色濃く残る町並みをめぐる。

御坊前通り　四脚門（1679年建立）が願泉寺

願泉寺本堂　１６６３年建立。屋根は入母屋造、本瓦葺。本山格の大型真宗本堂の一典型と評価されている

路面標示「寺内町めぐりみち」

願泉寺を中心に

貝塚駅改札前の観光案内所で観光地図をもらい、まずは駅北の感田神社へ。貝塚寺内町の産土神だ。７月の神社例祭「太鼓台祭り」は約３００年の歴史を誇る。唯一と言われる寺内町環濠の遺構が境内で見られる。

神社北側の表門から出て願泉寺へ向かう。願泉寺は浄土真宗本願寺派の寺。１５４５年、紀州根来寺から卜半斎了珍（ぼくはんさいりょうちん）を草庵に迎えたのが起源。石山本願寺から寺内町（貝塚御坊）に

感田神社濠　貝塚寺内町の東端に位置する神社境内の寺内町環濠跡。環濠の雰囲気が残る唯一の遺構とされ、市指定史跡

西町の廣海家住宅

北町の町並み

とり立てられるも1577年、織田信長との戦いで寺も町も焦土と化す。再興され1583年から2年間、本願寺御堂となる。住職の卜半家は江戸時代初めに徳川家康から寺内諸役免許の黒印状を与えられ、1871年（明治4）まで貝塚寺内の領主となる。

願泉寺の本堂、表門、太鼓堂、鐘楼、目隠塀、築地塀は国の重要文化財。いずれも2018年9月の台風で大きな被害を受けたが、翌年に修理された。

昔のままの街路

御坊前通り、北町、西町などの寺内町中心部には、「貝塚寺内町めぐり道」のつたい石が路面に埋め込まれているのでわかりやすい。

寺内町は江戸期、紀州街道沿いにあって、商家や旅籠、回船問屋などが軒を並べ繁栄した。北町、西町には、国登録有形文化財の古い民家も点在する。街路は、中の町通りと府道堺阪南線を除けば、ほぼ寺内町の時代のまま現在も使われているという。

寺内町南の濠の外側の海塚（うみづか）墓地も歴史が古い。江戸中期の墓石が多く、岩橋善兵衛の墓もある。善兵衛は貝塚出身で、1793年に「窺天鏡（きてんきょう）」と呼ばれる望遠鏡を製作した。

岩橋善兵衛の墓　海塚墓地の北東隅に。善兵衛（1756〜1811）は独学で蘭学を学び優れた望遠鏡を製作して江戸期の自然科学や天文学の発展に貢献。善兵衛の望遠鏡は伊能忠敬の日本沿海測量にも使われた

〔煉瓦館＆中家《なかけ》住宅〕繁栄の歴史訪ねて

昭和初期の綿布工場を保存再生した煉瓦館や、江戸初期に建てられた中家住宅などを訪ねてＪＲ阪和線熊取駅を出発。幹線道路は車の通行が多いのでできるだけ脇道や小道を歩こう。その方が古い家並みの景観も楽しめる。

熊取交流センター煉瓦館　ＪＲ阪和線熊取駅から徒歩約20分。南海ウィングバスで「五門」下車すぐ／9～22時(水曜は9時～17時30分)／休館は第4水曜（祝日の場合翌日)、年末年始／展示室、レストラン、ホールなど

▶煉瓦館中庭

紺屋１丁目の火消地蔵と芳元寺

熊取駅の「駅下にぎわい館」で観光地図をもらい、紺屋1丁目で古い家並みの入り組んだ小道を経由して煉瓦館へ向かう。

織物工場のむら

煉瓦館は1928年（昭和3）頃に建てられた中林綿布本社工場の煉瓦壁を保存し、2005年に熊取交流センターとして再生したもの。07年、経済産業省の近代化産業遺産に登録された。煉瓦館前の公園部分にあった明治末期の旧工場とあわせると2万平方mに及ぶ広大な工場だったが、

4月、入母屋造りの主屋を桜が彩る

中家住宅　国の重要文化財／10時～16時30分／休館は1、2、8月は月～金曜（祝日除く）、その他の月は水曜（祝日の場合翌日）、年末年始／無料

中家住宅の唐門　平安時代、後白河法皇が熊野詣の際、西面に車寄せの門を建てて迎えたことに由来して建てられた賓客用の門

慈照寺の本堂と地蔵堂

1992年に操業を終える。熊取の繊維産業は江戸期に綿の栽培をしていたこともあり明治末期から発展し、1925年には熊取村に織物工場が17もあったという。

煉瓦館南隣の中家住宅は平安時代に後白河法皇が熊野詣での際に立ち寄ったという旧家で、一般公開されている。入母屋造り・茅葺き・妻入りで、本瓦葺の庇をめぐらした主屋は、江戸初期の建立。土間が広く、中世の雰囲気がする。ベンガラ色の壁も美しい。

また、蘭学者、橋本宗吉が1752年、主屋西側にあった松の木を使い電気実験を行った地として、町の史跡に指定されている。

中家とともに江戸期に隆盛した降井（ふるい）家の書院が大久保中2丁目に。国の重要文化財だが、一般公開は年に1回のみ。

中家住宅南の高台の慈照寺は江戸時代に建立された中家の菩提寺。ここから大久保の交差点までバス通りと南に並行する脇道を進む。大久保交差点で古い家並みの小道に入り駅に戻る。

紺屋バス停近くに、のこぎり屋根の木造工場

〔泉佐野駅《いずみさの》～日根野駅《ひねの》〕さの町場&歴史館いずみさの

南海本線泉佐野駅からＪＲ阪和線日根野駅まで歩く。海沿いの「さの町場」で江戸期以来、漁業や廻船業で栄えた歴史に触れ、歴史館いずみさのでは中世荘園、日根荘（ひねのしょう）の成立と農業の発展を学ぶ。

泉佐野ふるさと町屋館（旧新川家住宅）　南海本線泉佐野駅西出口徒歩６分／観覧は土日曜・祝日の９～16時／平日・年末年始休館／一般200円、高大生100円、中学生以下･65歳以上･障害者無料

▶中庭で農産物の朝市なども

全国に名を馳せた豪商

泉佐野駅西出口からつばさ通り商店街に入り、学生服ノグチを左折し、１つ目角を右折するとふるさと町家館だ。江戸中期、醤油業を営むために新川喜内（にいがわきない）が建てた町屋である。

展示コーナーでは江戸中期から近代までの「さの町場」の全体像を紹介。江戸期に漁業、廻船業、綿織物

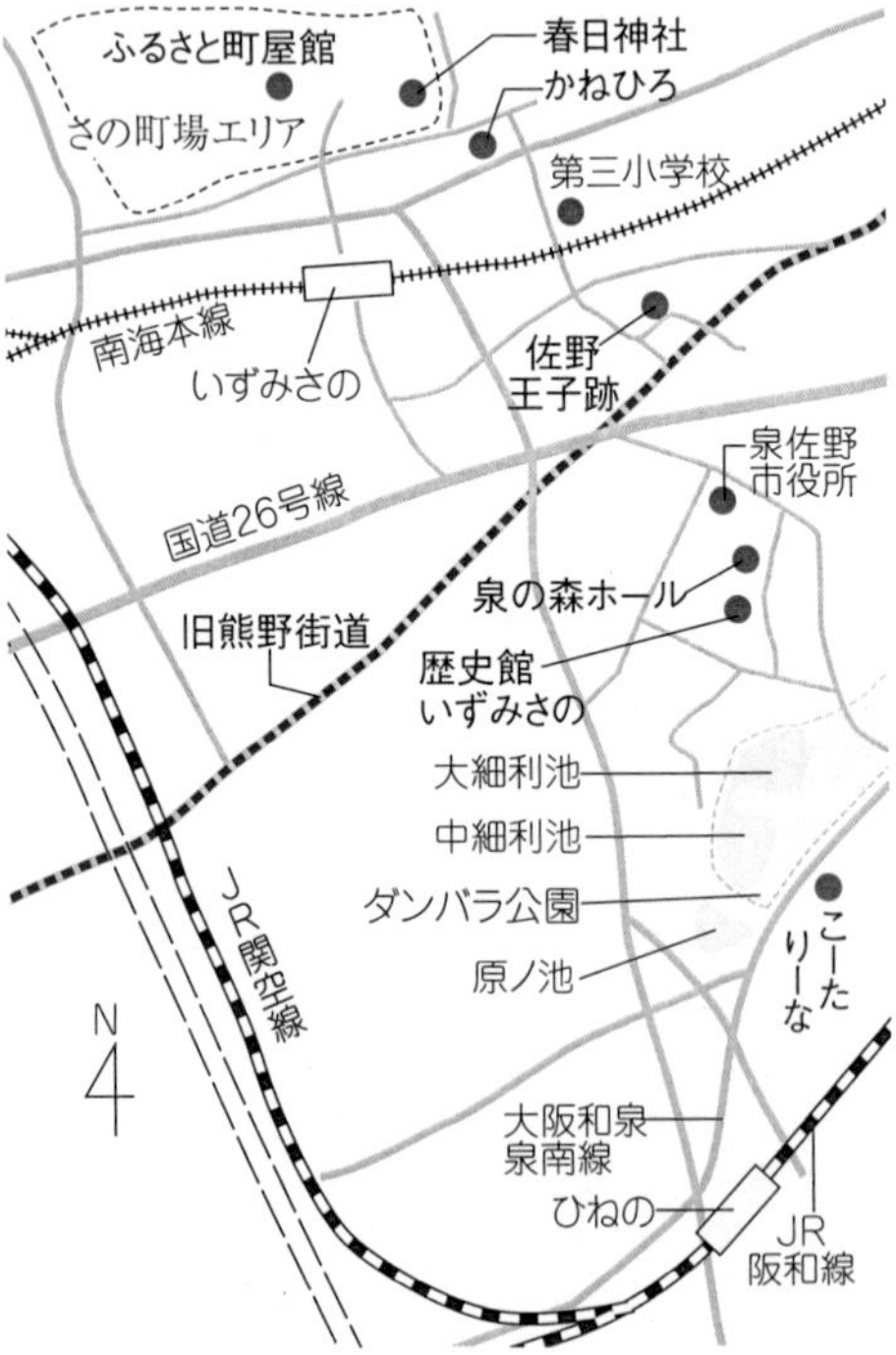

業などで大きく発展した。なかでも豪商、食野（めしの）の活躍には驚く。大名領国の米や産物を大坂や江戸に千石船で運び販売し巨利を得て、多くの大名に多額の貸し付けもしていた。

町屋館では、朝市や「ふろしき手づくりマーケット」、茶会などさまざまなイベントが実施されている。

「さの町場」のくるま道

覚野兵蔵家の米蔵　国登録有形文化財。「さの町場」に

歴史館いずみさの　南海本線泉佐野駅から徒歩約20分／9～17時／休館は月曜（祝日の場合翌火曜も）、祝日（日曜の場合、翌月・火曜休館）、年末年始／無料

佐野王子跡　12～13世紀、熊野街道沿いに参詣者守護の神社がおかれ九十九王子と呼ばれた。佐野王子は17番目

こーたり～な　泉州農産物直売9時45分～18時／第3木曜・盆正月休み

中細利池の周囲は田園

九条家の荘園

さの町場の古いまちなみをめぐったら、春日神社前の道を通り、小魚ガッチョの唐揚などを売っている鮮魚店かねひろのところで右折し直進。熊野街道沿いの佐野王子跡、市役所を経て、歴史館いずみさのへ。

歴史館では主に鎌倉時代、内陸部に成立した公家・九条家の荘園、日根荘について、村落のジオラマも使って解説。荘園絵図など記録が多く残されている。

南進し田園の道から中細利池沿いの歩道に入りダンバラ公園へ。公園向かいはJA大阪泉州農産物直売所「こーたり～な」だ。

〔樫井川《かしいがわ》中流域〕豊かな自然&古刹めぐり

泉佐野市南部の樫井川中流域は鎌倉～戦国時代、九条家の荘園「日根荘」だった地域で、数多くの古刹がある。慈眼院（じげんいん）、日根（ひね）神社、意賀美（おがみ）神社を訪ねながら、流域の自然を堪能しよう。

慈眼院多宝塔　鎌倉時代の建立。見学は事前予約が必要／TEL072-467-0092／入山料200円

慈眼院の境内を流れる用水路「井川」の石積みが中世のまま現存

大井関公園のろじ渓

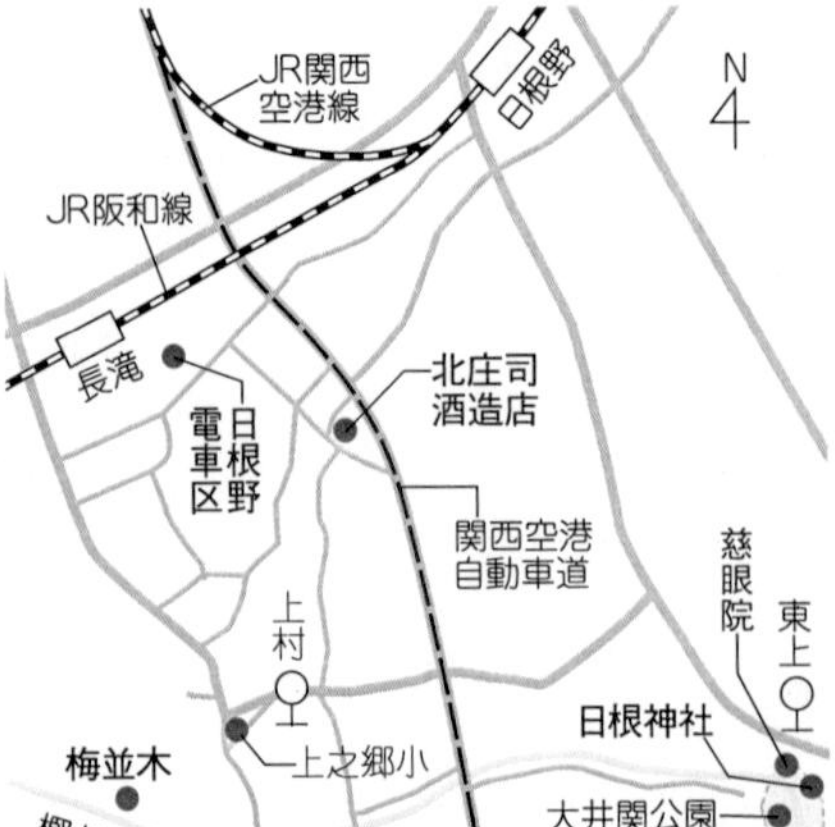

ＪＲ阪和線日根野駅、または南海本線泉佐野駅から犬鳴山方面行き南海バスに乗り、東上で下車。バス停前が慈眼院である。６７３年に創建されたと伝わる泉州の最古刹だ。多宝塔は１２７１年に再建されたものといわれ、泉佐野市唯一の国宝。金堂は国の重要文化財。境内を流れる井川（ゆかわ）は開発のため中世に造られた用水路で、樫井川から北へ高低差５ｍで

2・9キロ続く。

隣接する日根神社は8世紀初めの和泉五社の一つ。現在の本殿は豊臣秀頼が建立したもので、春日造、桧皮葺の桃山様式を伝える。

神社裏手の樫井川両岸は大井関公園。桜の名所で、奇岩深淵のろじ渓は景勝地。

樫井川沿いを下流方向に向かう。女形橋の南には府営泉佐野丘陵緑地が広がる。その西隣の高台にあるのが意賀美神社。10世紀前期の延喜式神名帳に記されている古社だ。室町初期建立の本殿は市内最古の社殿で、国の重要文化財。その西の樫井川両岸には5百数十本の梅並木が続く。

泉佐野丘陵緑地は雑木林や池、棚田などの豊かな自然と触れあえる公園だが、元は府の第三セクター「泉佐野コスモポリス」。先端工業団地を計画したが経営破たんし1998年に解散。ボランティア団体が府と協同して公園づくりを進め2014年8月に開園した。少しずつ公園を整備しながら、動植物観察会、農作業体験などのイベント活動を展開している。

帰路はバスを使うのもいいし、キャベツ畑、タマネギ畑などの田園地帯を抜けて長滝駅まで歩く（丘陵緑地から約30分）のもいい。

日根神社本殿　1602年建立

意賀美神社本殿　1442年建立

大阪府営泉佐野丘陵緑地　ＪＲ阪和線長滝駅から徒歩30分、平日・土曜いずみさのコミュニティバス「上村」徒歩10分、日曜・祝日いずみさの観光周遊バス（秋の祭期間・年末年始運休）「パークセンター前」／パークセンターは9時30分～16時30分（3～11月は17時まで）、休館は月曜（祝日の場合翌日）と年末年始

樫井川両岸の梅並木

〔田尻《たじり》漁港周辺〕小さな町の大きな変遷

田尻町は関西国際空港すぐ近くの小さな漁港の町。南海本線吉見ノ里駅から、洋館の田尻歴史館、漁港、りんくう公園、古い町並みなどをめぐり、小さな町の大きな歴史的変遷を探る。

田尻スカイブリッジ　田尻漁港をまたぐ斜張橋で、遊歩道も整備されている。橋の下は人気の釣り堀「海釣りぽーと田尻」

田尻漁港のヨットハーバー

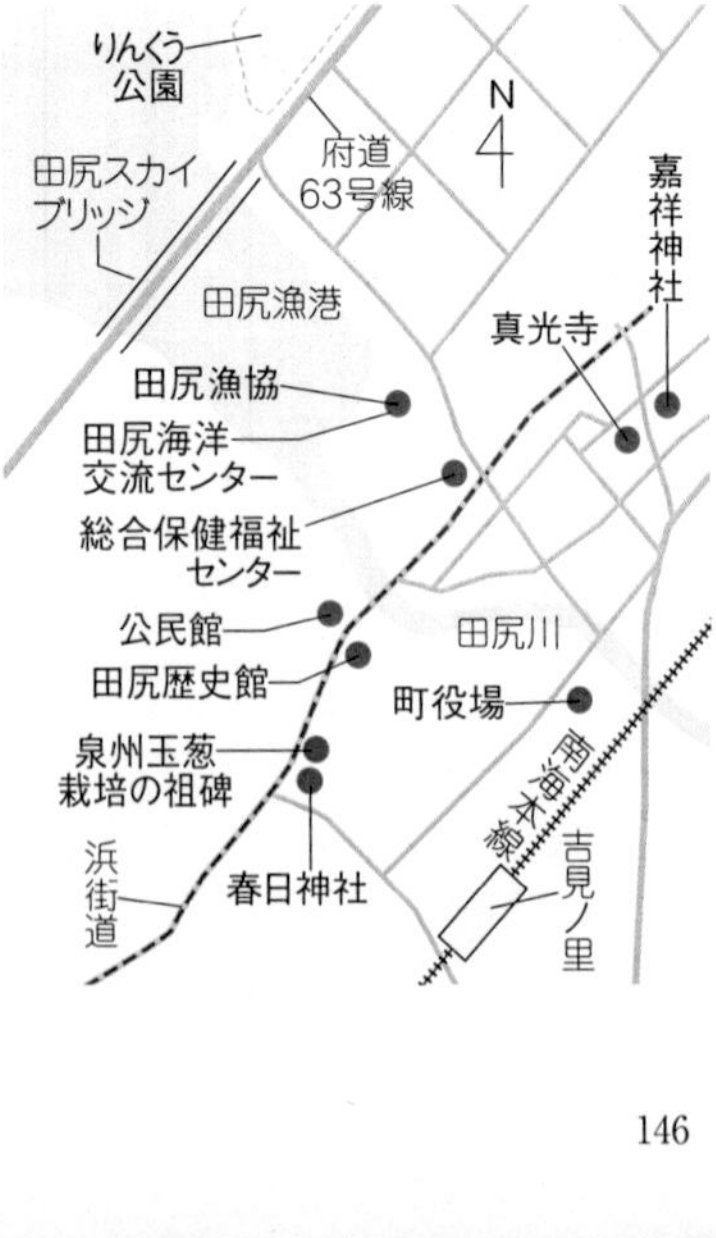

吉見ノ里駅から港方向に向かう。春日神社の角を右に曲がると浜街道で、泉州玉葱栽培之祖の碑がある。明治時代、田尻村で始まったタマネギ栽培は泉州地域全体で盛んになり、1920年には北海道を抜いて大阪府が全国1位の産地になったという。

田尻町は古くから漁業だけでなく農業も盛んだったのである。明治以降は紡績業も発展する。

大正レトロの洋館

田尻歴史館は、田尻町吉見出身の谷口房蔵氏（1861〜1929）が1922年（大正11）に別邸として建てたもの。草花モチーフのステンドグラス

田尻歴史館（愛らんどハウス） 耐震改修工事で長期休館中。リニューアルオープンは2022年７月頃の予定／南海本線吉見ノ里駅から徒歩約10分

田尻日曜朝市 田尻漁業協同組合事務所前で毎週日曜午前７時～正午、お盆・年始は休業

泉州玉葱栽培之祖碑 田尻村の今井佐治平、大門久三郎、道浦吉平の三氏が1884年（明治17）にタマネギ栽培を開始した功績を後世に伝えるため、農会が発起人になり1913年に建立。栽培の経緯や当時の生産高も記している

りんくう公園の松林とマーブルビーチ

嘉祥（かしょう）神社と真光寺

が随所にある洋館はアールヌーヴォー様式。

谷口氏は明治から大正時代を通じて関西繊維業界の中枢を担い、１９００年、大阪合同紡績株式会社を創立。田尻町では吉見紡績の設立、港・道路整備や幼稚園・小学校用地の寄進などで貢献している。ただ、かつて洋館の前に広がっていた紡績工場は今はない。

漁港は田尻スカイブリッジとヨットハーバーに彩られ、日曜朝市や釣り堀に人が集まる。漁協・海洋交流センターの建物では海鮮バーベキューなどの海の幸が味わえる。

浜街道に戻り、古い民家のまち並みや嘉祥神社、真光寺を経て吉見ノ里駅へ。あるいは、漁港からりんくう公園を1キロ強ほど歩けばＪＲりんくうタウン駅に行ける。

〔信達《しんだち》地区〕熊野街道に刻まれた近世〜昭和

信達地区は熊野街道（紀州街道）沿いにあって、江戸時代は宿場町「信達宿」として発展した。だが、明治末以後1世紀にわたり、石綿（アスベスト）紡織産業の中心地となり、石綿被害に見舞われた。

ＪＲ阪和線和泉砂川駅から熊野街道に出る。街道沿いには信達宿の常夜灯や、紀州徳川家一行が参勤交代の際に宿所として利用した本陣跡（角谷家）が見られる。宿場町のたたずまいを残す静かな町。石綿禍に襲われたとは信じがたい。

警鐘鳴らし続けた医師

街道沿いの信達牧野の大きな野田藤の向かいに「泉南石綿の碑」が立つ。２０１４年10月9日、最高裁が日本で初めて石綿禍に対する国の責任を認める判決を下した。その8年半に及ぶ国家賠償訴訟勝利を記念し、石綿禍根絶の願いを込めて、

▲泉南石綿の碑　この2軒隣に▶アトリエ泉南石綿の館　石綿の危険性を訴え続けた梶本政治医師の医院跡に

◀信達宿本陣跡と熊野街道

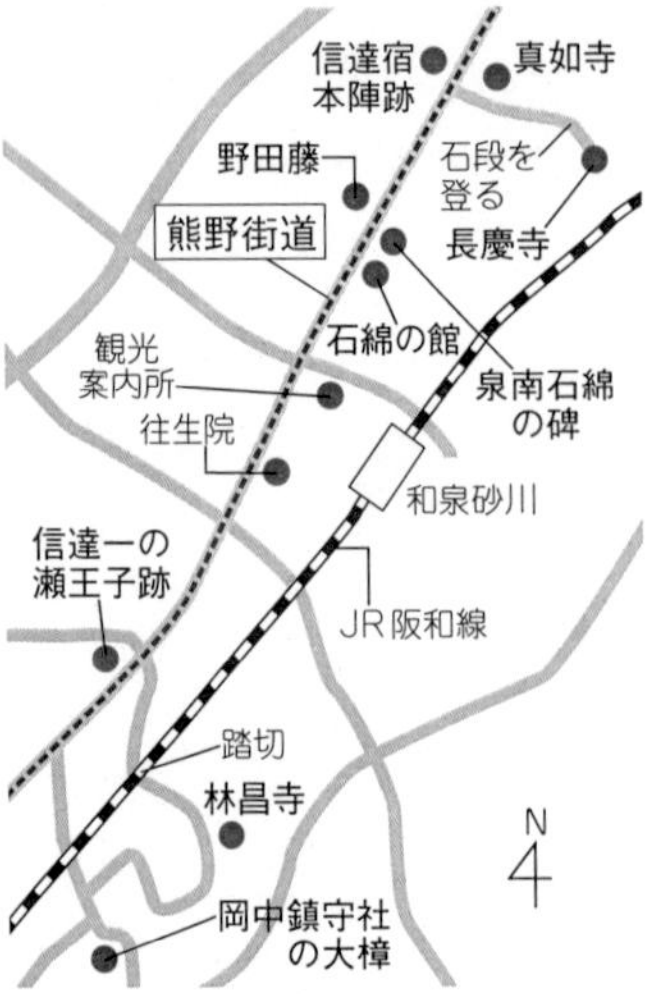

長慶寺の枯山水庭園と三重塔　明治以後衰退したが近年、伽藍が整備される

林昌寺の「法林の庭」　昭和を代表する作庭家・重森三玲（1896～1975）が1961年に造ったツツジの庭園

砲弾型石碑「尽忠報国碑」　長慶寺の多宝塔横の道を下った駐車場に。この地域で発見されたもので、地域の歴史を記録する会が2007年7月、「日本がたどった戦争への道を学んでもらう戦争遺跡として」解説を添えて復元設置した

岡中鎮守社の大楠　樹齢800年超と言われ、隣の槇も600年の古木

被害者・遺族らが2015年4月建立したものだ。

戦前、石綿工場が200ヵ所以上あったといわれる泉南地域で信達地区は「いしわた村」と呼ばれるほど集中していた。国は1937年から実施した調査により深刻な被害を知っていたが、有効な規制・対策は行わなかった。

そうしたなか地元で1953年から警鐘を鳴らし続けた医師がいた。その梶本政治医師（1913～94）の遺品や資料などを展示する資料館が石綿の碑の並びにある（見学は要予約、電話090・7968・0395梶本氏）。アトリエ館前の説明板に、梶本医師の40年間にわたる孤軍奮闘のあゆみを記している。

行基開創の寺

信達地区には名刹が点在する。長慶寺（ちょうけいじ）、林昌寺（りんしょうじ）は行基による開創だが、信長や秀吉の兵火で壊滅し江戸期に再建された。どちらも小高い丘にあって眺めもいい。長慶寺の駐車場にある戦前の「尽忠報国」碑も見ておきたい。

林昌寺近くの岡中鎮守社の大楠は、枝の広がりが半端ではない。300平方mも地面を覆っているという。遠くからは森のようだ。大阪みどりの百選にも選ばれている。

〔せんなん里海《さとうみ》公園〕

植生ゆたかな浜辺

大阪府最南端の岬町と阪南市の海岸沿いに広がるせんなん里海公園を歩く。府が1980年頃から東西約2キロにわたり海岸を埋め立てて整備したもの。かつて旧海岸線の森と一体となって人々の暮らしを支えてきた里海は今、レジャーや自然観察を通じて海に慣れ親しむ場となっている。植生豊かな浜辺で、昔の里海風景を想像してみよう。

せんなん里海公園の淡輪海水浴場　人工浜の背後の旧海岸線はウバメガシなどの森／南海本線淡輪駅から徒歩約15分。駅前の歓迎アーチをくぐり三叉路を渡り直進。住宅街の坂を登って下り、左折して歩行者道を直進すると海洋センターで、その東隣

南海本線淡輪駅　1906年8月に簡易停車場として開業。現在の洋風木造駅舎は1924年築

▼ビーチバレーコート

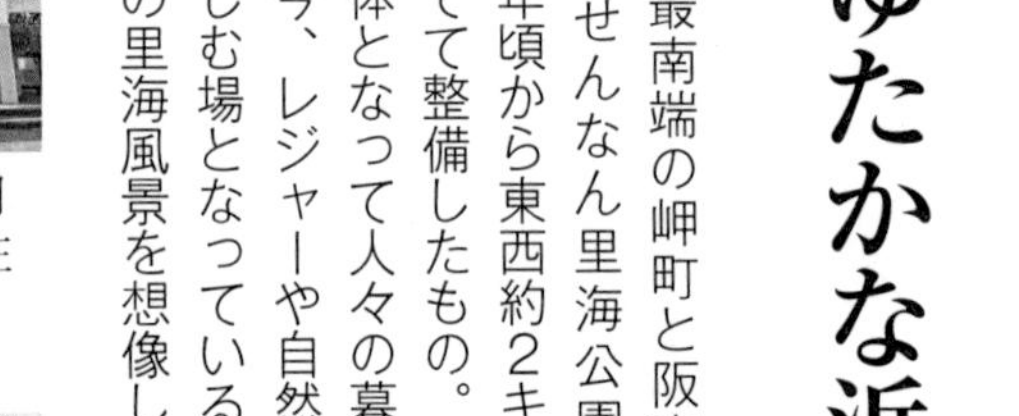

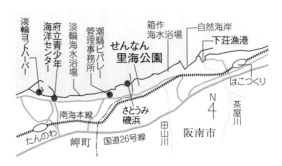

せんなん里海公園では淡輪海水浴場、ビーチバレーコート、バーベキューコーナー、児童遊園、芝生広場、園路などがあって、思い思いに楽しめる。旧海岸線付近の海岸林

さとうみ磯浜　海辺の生物を観察できる場所として旧人工磯浜を整備し2017年3月末オープン。9～17時開門▼外海側は常時閉門で、釣りや観察には公園管理事務所に事前申込みが必要。柵や舗装道などが設置され安全性は高まったが、いかにも人工の磯浜

下荘（しもしょう）漁港

ヒトモトススキ　園内の田山川河口近くに。高さ約2m。名の由来は1株から多数の葉を出しススキに似ていることから

ツルナ　公園東の自然海岸に。ミヤコグサやハマダイコンも

が保存され、中央部に「さとうみ磯浜」が造られるなど、海辺の自然観察の場にもなっている。

保存された海辺の森

旧海岸線沿いの森はウバメガシ、マテバシイ、シラカシ、コナラ、クヌギ、トベラなどが茂り、古くから魚付保安林、薪炭林として、また塩づくりなどで活用され保全されてきた。

田山川河口近くの海岸線から少し離れた所に、ヒトモトススキ（別名シシキリガヤ）が見られる。阪南市指定の天然記念物だ。府下ではここと東大阪市日下町にだけ残る海浜植物。かつて府内各地の海岸線で多く見られたという。

公園東隣の自然海岸は、人工海岸だらけの府下では貴重である。わずかだがツルナ、ハマダイコンなどの海浜植物が見られる。

自然海岸から茶屋川の河口に出て塔の上橋を渡ると下荘漁港。ここから南海本線箱作駅まで徒歩約20分だ。府によると、府内には13の漁港（すべて堺以南）があり主にアナゴ、スズキ、タコ、エビ類、カニ類などの沿岸漁業が行われている。

著者（文・写真）紹介

松村晴恵（まつむら　はるえ）

1959年生まれ。日本機関紙協会大阪府本部の月刊『宣伝研究』*の編集長として執筆、編集

坂手崇保（さかて　たかやす）

1960年生まれ。日本機関紙協会大阪府本部事務局長。機関紙編集講座の講師、大阪の戦争遺跡ガイドとして活躍

＊『宣伝研究』は1969年創刊の月刊誌。機関紙・ミニコミ編集者向けの研究交流誌であり転載資料集である
（問合せ：日本機関紙協会大阪府本部 TEL06-6465-1201
https://www.kikanshi-osaka.com）

ぶらりディープ大阪
魅力発見まち歩き70コース

2020年5月14日　初版第1刷発行

編著者	日本機関紙協会大阪府本部
発行者	坂手崇保
発行所	日本機関紙出版センター
	〒553-0006　大阪市福島区吉野3−2−35
	電話 06−6465−1254　FAX06−6465−1255
編　集	松村晴恵
製　版	佐藤信男
印刷・製本	日本機関紙出版センター

万が一、落丁、乱丁がありましたら、小社あてにお送りください。
送料小社負担にてお取替えいたします。

ISBN978-4-88900-976-7